近代中外关系系列

华侨史话

A Brief History of Overseas Chinese

陈民　任贵祥 / 著

社会科学文献出版社
SOCIAL SCIENCES ACADEMIC PRESS (CHINA)

图书在版编目（CIP）数据

华侨史话/陈民，任贵祥著. —北京：社会科学文献出版社，2011.8
（中国史话）
ISBN 978 - 7 - 5097 - 2464 - 4

Ⅰ.①华… Ⅱ.①陈… ②任… Ⅲ.①华侨 - 历史 Ⅳ.①D634.3

中国版本图书馆 CIP 数据核字（2011）第 118282 号

"十二五"国家重点出版规划项目

中国史话·近代中外关系系列

华侨史话

著　　者／陈　民　任贵祥

出 版 人／谢寿光
总 编 辑／邹东涛
出 版 者／社会科学文献出版社
地　　址／北京市西城区北三环中路甲 29 号院 3 号楼华龙大厦
邮政编码／100029

责任部门／人文科学图书事业部（010）59367215
电子信箱／renwen@ ssap. cn
责任编辑／宋荣欣　孔　军
责任校对／陈晓永
责任印制／岳　阳
总 经 销／社会科学文献出版社发行部
　　　　　（010）59367081　59367089
读者服务／读者服务中心（010）59367028

印　　装／北京画中画印刷有限公司
开　　本／889mm×1194mm　1/32　印张／5.625
版　　次／2011 年 8 月第 1 版　　字数／103 千字
印　　次／2011 年 8 月第 1 次印刷
书　　号／ISBN 978 - 7 - 5097 - 2464 - 4
定　　价／15.00 元

总　序

　　中国是一个有着悠久文化历史的古老国度，从传说中的三皇五帝到中华人民共和国的建立，生活在这片土地上的人们从来都没有停止过探寻、创造的脚步。长沙马王堆出土的轻若烟雾、薄如蝉翼的素纱衣向世人昭示着古人在丝绸纺织、制作方面所达到的高度；敦煌莫高窟近五百个洞窟中的两千多尊彩塑雕像和大量的彩绘壁画又向世人显示了古人在雕塑和绘画方面所取得的成绩；还有青铜器、唐三彩、园林建筑、宫殿建筑，以及书法、诗歌、茶道、中医等物质与非物质文化遗产，它们无不向世人展示了中华五千年文化的灿烂与辉煌，展示了中国这一古老国度的魅力与绚烂。这是一份宝贵的遗产，值得我们每一位炎黄子孙珍视。

　　历史不会永远眷顾任何一个民族或一个国家，当世界进入近代之时，曾经一千多年雄踞世界发展高峰的古老中国，从巅峰跌落。1840年鸦片战争的炮声打破了清帝国"天朝上国"的迷梦，从此中国沦为被列强宰割的羔羊。一个个不平等条约的签订，不仅使中国大量的白银外流，更使中国的领土一步步被列强侵占，国库亏空，民不聊生。东方古国曾经拥有的辉煌，也随着西方列强坚船利炮的袭击而烟消云散，中国一步步堕入了半殖民地的深渊。不甘屈服的中国人民也由此开始了救国救民、富国图强的抗争之路。从洋务运动到维新变法，从太平天国到辛亥革命，从五四运动到中国共产党领导的新民主主义革命，中国人民屡败屡战，终于认识到了"只有社会主义才能救中国，只有社会主义才能发展中国"这一道理。中国共产党领导中国人民推倒三座大山，建立了新中国，从此饱受屈辱与蹂躏的中国人民站起来了。古老的中国焕发出新的生机与活力，摆脱了任人宰割与欺侮的历史，屹立于世界民族之林。每一位中华儿女应当了解中华民族数千年的文明史，也应当牢记鸦片战争以来一百多年民族屈辱的历史。

当我们步入全球化大潮的 21 世纪，信息技术革命迅猛发展，地区之间的交流壁垒被互联网之类的新兴交流工具所打破，世界的多元性展示在世人面前。世界上任何一个区域都不可避免地存在着两种以上文化的交汇与碰撞，但不可否认的是，近些年来，随着市场经济的大潮，西方文化扑面而来，有些人唯西方为时尚，把民族的传统丢在一边。大批年轻人甚至比西方人还热衷于圣诞节、情人节与洋快餐，对我国各民族的重大节日以及中国历史的基本知识却茫然无知，这是中华民族实现复兴大业中的重大忧患。

中国之所以为中国，中华民族之所以历数千年而不分离，根基就在于五千年来一脉相传的中华文明。如果丢弃了千百年来一脉相承的文化，任凭外来文化随意浸染，很难设想13亿中国人到哪里去寻找民族向心力和凝聚力。在推进社会主义现代化、实现民族复兴的伟大事业中，大力弘扬优秀的中华民族文化和民族精神，弘扬中华文化的爱国主义传统和民族自尊意识，在建设中国特色社会主义的进程中，构建具有中国特色的文化价值体系，光大中华民族的优秀传统文化是一件任重而道远的事业。

当前，我国进入了经济体制深刻变革、社会结构深刻变动、利益格局深刻调整、思想观念深刻变化的新的历史时期。面对新的历史任务和来自各方的新挑战，全党和全国人民都需要学习和把握社会主义核心价值体系，进一步形成全社会共同的理想信念和道德规范，打牢全党全国各族人民团结奋斗的思想道德基础，形成全民族奋发向上的精神力量，这是我们建设社会主义和谐社会的思想保证。中国社会科学院作为国家社会科学研究的机构，有责任为此作出贡献。我们在编写出版《中华文明史话》与《百年中国史话》的基础上，组织院内外各研究领域的专家，融合近年来的最新研究，编辑出版大型历史知识系列丛书——《中国史话》，其目的就在于为广大人民群众尤其是青少年提供一套较为完整、准确地介绍中国历史和传统文化的普及类系列丛书，从而使生活在信息时代的人们尤其是青少年能够了解自己祖先的历史，在东西南北文化的交流中由知己到知彼，善于取人之长补己之短，在中国与世界各国愈来愈深的文化交融中，保持自己的本色与特色，将中华民族自强不息、厚德载物的精神永远发扬下去。

《中国史话》系列丛书首批计 200 种，每种 10 万字左右，主要从政治、经济、文化、军事、哲学、艺术、科技、饮食、服饰、交通、建筑等各个方面介绍了从古至今数千年来中华文明发展和变迁的历史。这些历史不仅展现了中华五千年文化的辉煌，展现了先民的智慧与创造精神，而且展现了中国人民的不屈与抗争精神。我们衷心地希望这套普及历史知识的丛书对广大人民群众进一步了解中华民族的优秀文化传统，增强民族自尊心和自豪感发挥应有的作用，鼓舞广大人民群众特别是新一代的劳动者和建设者在建设中国特色社会主义的道路上不断阔步前进，为我们祖国美好的未来贡献更大的力量。

陈奎元

2011 年 4 月

⊙陈　民

作者小传

　　陈民，福建厦门人，1922年4月生。1951年天津南开大学经济系毕业，1953年中国人民大学马列主义研究生班毕业。1978年到中国社会科学院近代史研究所工作，副编审。兼任中国华侨历史学会第一、二届常务理事，副秘书长。1990年应聘中国侨联华侨华人历史研究所特约研究员及《华侨华人历史研究》(季刊)编辑部主任。

⊙任贵祥

作者小传

　　任贵祥，1958 年出生于辽宁省岫岩县，法学博士。现为中共中央党史研究室研究员、《中共党史研究》杂志主编，山东师范大学兼职教授、博士生导师，中国华侨历史学会常务理事，中共党史学会、国史学会、中国现代史学会理事，享受国务院政府特殊津贴专家。长期以来，从事华侨华人与中国革命和建设关系研究，辛勤耕耘，著述颇丰，发表有关学术论文 80 多篇，独立撰写《华侨与中国民族民主革命》等著作 5 部，合著多部，其论著多次获奖。

目　录

引 言

　　华侨是长期移居国外而又保留中国国籍的中国人，是中国人民的重要组成部分。

　　中国是世界著名的文明古国，自古以来就与周边国家和民族发生密切的政治、经济、文化等方面的联系和交往。华侨出国，就是在这种频繁交往的历史背景下出现的移民现象。因此可以说，华侨出国是历史悠久、源远流长的。一般认为，唐、宋以后，中国人移居海外的就比较多了，至今海外华侨还自称"唐人"，称在中国的家乡为"唐山"，称在国外的聚居地区为"唐人街"。

　　但是，华侨集中大批出国，还是在1840年鸦片战争以后。那时中国逐渐沦为半殖民地半封建社会，农村破产，百业凋零，破产的农民和手工业者，不得不背井离乡，外出谋生；加上西方殖民主义者为了开发殖民地，需要大批廉价劳动力，开始在中国东南沿海大肆掠卖华工。据统计，从19世纪50年代开始，平均每年有10万华工被贩运到世界各地，形成了大规模的移民浪潮。到第二次世界大战期间，海外的华侨人数已达 870 多万人，其中 82% 即 713 万多人集中在东南亚地区。这主要是由于北美、澳洲曾长期执行排华政策，限制、禁止华工入境，而东南亚地区在第一次世界大战后，一度经济繁荣，西方对东南亚盛产的橡胶和锡的大量需求，需要大批的廉价劳动力。

从上述史实我们可以看出，华侨出国，是劳动力的输出，是属于外出谋生的和平移民，没有任何政治动机，也没有得到本国政府的支持。他们带着古老的中华文化、生产技术以及勤劳、节俭、朴实的优良传统，依靠自己的辛勤劳动，胼手胝足谋取生计，世世代代同侨居地人民和睦相处，同建家园，共御外侮，为发展当地的经济与文化，争取侨居地的独立、解放，作出了不可磨灭的贡献。但是他们却受到殖民统治者的歧视、排斥和迫害，又得不到当时中国政府应有的保护，成为"海外孤儿"，处境十分困难。可以说，百年来的华侨史，既是一部艰苦创业的奋斗史，又是一部血泪斑斑的苦难史。这部历史是和帝国主义侵华史以及资本主义发展史紧密联系在一起的。

海外华侨具有爱国爱乡的优良传统，他们身居海外，寄人篱下，深切感受到强盛祖国的重要，深切体会到自己的命运与祖国的兴衰联结在一起，祖国兴则华侨兴，祖国弱则华侨衰、被歧视、受凌辱。因此，无不渴望祖国富强，以改变"海外孤儿"任人欺凌而投诉无门的处境。他们对祖国的历次革命运动，莫不积极支持，踊跃输财助饷，乃至回国参战，以身报国。当祖国、家乡遇上重大天灾时，他们奔走相告，筹款救济，表现出"风雨同舟"、血浓于水的同胞手足之情。平时，为了建设家乡，他们捐资兴办文化教育事业，投资发展实业。总之，华侨对祖国的革命和建设，都作过重大的贡献。华侨的历史功绩，在中国近代史册中，应该占有相应的篇章。

第二次世界大战以后，世界局势发生了巨大的变化，西方殖民地先后获得了独立，成为新兴的国家。为了适应侨居的新局势，华侨绝大多数加入居留地国籍，或根据当地法律，自动成为当地公民。这样，华侨就变为华人，成为当地的少数民族（新加坡例外，华人占总人口的76%），他们被称为外籍华人或简称华人、华族。仍然保留中国国籍的华侨只占少数，约占原来华侨总人数的10%。华侨自愿选择了当地国籍，成为所在国公民，不再是具有中国国籍的华侨，这符合我国制定的解决华侨双重国籍问题的政策，有利于促进我国同华侨众多的国家的友好关系，同时符合华侨自身长远的、切身的利益，也符合无产阶级的国际主义与和平共处五项原则。

一　出国滴滴泪　侨居斑斑血

 ## 血泪斑斑的"猪仔"贸易

　　"猪仔"，又称"猪崽"，不管男女老幼一提到这个词都会理解为农民家里饲养的小猪。但在中国近代史上，"猪仔"指的却是被西方人贩子拐掠贩卖运载出国途中的华人即契约华工。

　　"猪仔"一词源于广东方言，而西方文献中通称苦力（Coolie）。据说有几种解释：有的说是对华工的辱称，把人比作猪，比作畜类；有的说华工被运载出洋时，像运猪一样被捆绑着强行推上船；还有的说贩运华工的船上，皆以木盆盛饭，招呼众多华工吃饭时，其呼声与唤猪相似……

　　我们在这里无须考证也没有必要考证哪种解释正确，但这些解释有一点是相同的，那就是把运载出洋的华工比作畜类，不当作"人"来对待。由"猪仔"一词派生出来的还有这样几个专有名词："猪仔馆"，又称招工馆、卖人行、巴拉坑（Barracoon，葡萄牙语，即猪仔馆），顾名思义，即招收华工的官栈或关押华工的建筑物；"猪花"，即专指在"猪仔"贸易中被拐卖出洋的中国女子，以少女居多；"猪仔头"，又称"客头"，即"猪仔"贸易中的中方代理人。

上述这些肮脏、侮辱的专有名词可以反映出近代中国华侨形成的血泪悲惨的历史。

华侨形成的历史可以追溯到古代，但中国人大规模地移居海外并散布到全世界，是在1840年鸦片战争以后。其主要原因在于外国资本主义的入侵，使中国原来自给自足的自然经济遭到毁灭性的破坏，中国社会逐渐沦为半殖民地半封建社会，生活在社会下层的广大劳动人民，受到中外反动势力的残酷剥削和压迫，大量的失业破产，为生活所迫背井离乡，到国外谋生而成为华侨。正如恩格斯所指出："对华战争给了古老的中国以致命的打击：国家的闭关自守已不可能……于是旧有小农经济制度也随之日益瓦解"，"千百万人将无事可做，将不得不移往国外"。西方侵略者用大炮轰开了中国闭关锁国的大门，大肆掠夺中国的财物，同时更加疯狂地掠夺中国"低廉的劳动力"。

鸦片战争后的几十年里，有大量中国人出国，虽然有相当一部分是以自由身份出国谋生的，但大部分都是直接或变相地通过所谓"契约"方式，被招募或遭胁迫、诱拐甚至被绑架到外洋去的。契约华工构成了鸦片战争后几十年华侨的主要成分之一。所谓"契约华工"，是指破产失业的中国人"应募"到海外做工，与外国资本家或华人工头订立契约，写明应募的地点、工作性质、年限、工资数额及预付工资等。实

5

出国滴滴泪　侨居斑斑血

际上"契约"不过是一张骗人的废纸，招募者很少履行；而对华工来说，契约就是卖身契。签约后的华工完全失去人身自由，沦为"会说话的工具"。近代中国所流行的"猪仔"一词就是契约华工的代名词。

鸦片战争后，最先在中国贩运华工的是老牌殖民主义国家西班牙，掠贩华工最初是在福建的厦门，而替西班牙在华经营苦力贸易的却是英国投机商人德滴。1846 年 12 月 7 日，德滴乘西班牙船抵厦，找到清廷当地官府，声称他受西班牙国之托，来厦建立西班牙领事馆。已经被洋人打怕了的清廷官员哪敢不依？于是，德滴在厦门"租民房以作番馆"，并开办了德记洋行，该洋行专为西班牙经营苦力贸易，被称为大德记卖人行。为了囚禁拐骗到手的华工，德记洋行在厦门海关附近修建了一座大巴拉坑，还在洋面设有一艘屯船，专门接收人贩子送来的华工。西方殖民者在近代中国的罪恶的苦力贸易便从此开始。

德记洋行设立的短短几年，不但向古巴贩运了大批华工，而且还承揽了其他国家在华的苦力贸易，德滴一身兼任西班牙、荷兰、葡萄牙三国领事。接着，英商塞姆、康诺利，美商布莱特雷等也都窜进厦门经营苦力贸易活动。这些人贩子披着领事、商人的外衣，干着卑鄙的贩卖人口的买卖。当时英国对华贸易监督包令给英国外交大臣的信中披露，从 1847 年到 1852 年从厦门贩运出的华工在 8000～15000 人。另据国内学者初步统计，这期间从厦门掠贩往美洲的华工有 5000 多名，其中运往古巴的有 3000 多名，贩往秘鲁的有 479 人，贩往英属西印度的有 812 人，贩往美国加利福尼亚的有 410 人，贩往檀香山的有 300 人。仅 1852 年就有 4000 多名华工从厦门被贩运出国，达到厦门苦力贸易的最高峰，同时还有大批苦力已被迫签约待运。

如此迅猛发展的苦力贸易，给厦门人民带来了巨大的灾难和痛苦，积压在他们心中的怒火，终于爆发出来。1853 年 11 月在厦门发生了城乡群众奋起反抗外国殖民者拐卖华工的暴动，虽然遭到外国殖民者与清政府当局的联合镇压，但此后外国殖民者再也不敢在这里大肆掠贩华工了，连最大的卖人行德记洋行也不得不迁往广东一带。至此，苦力贸易的中心移往汕头。

当时汕头并未开放，完全是一个"非法的口岸"，既未设领事，也没有具体的法律限制，又可逃避清政府的监督，故而西方人贩子可以在此不受任何法律约束地、放肆地进行苦力贸易活动。据不完全统计，从 1852 年 11 月至 1853 年 3 月的不到半年时间里，即有 1925 名华工从汕头被贩往古巴的哈瓦那，有 500 人被贩往秘鲁。1854 年，有 838 名华工被掠往古巴；1855 年被贩往古巴的华工猛增到 3012 人，贩往秘鲁的有 1150 人。仅仅 3 年，从汕头掠往南美洲的华工人数即远远超过厦门。1855 年以后，从汕头贩运华工出国的活动更加疯狂，1855 年汕头贩运苦力的船只有 12 艘，1857 年猛增到 120 艘。据估计，从 1852 年到 1858 年，从汕头被掠出洋的华工共有 4 万人，使汕头成为阴森恐怖的地狱。有的华工被谎骗说去"运鱼"，结果被带到另一个岛上强行装上洋船运走，而其家中的妻儿老小还不知其下落。遭绑架的华工如有反抗，即被毒打致残或致死，陈尸荒岛或郊外。

禁止人民出洋，是清政府前期的一项国策。但1860年英法通过发动第二次鸦片战争逼迫清政府打破这一成法，承认华工出国为合法。英法将原来的强行贩运"猪仔"改头换面为所谓的"自由移民"。早在1859年11月，英国招工专员奥斯丁就在广州西关挂出了第一块"招工公所"的招牌，侵华英军头目巴夏礼亲临开张仪式，并到处张贴中国官员准许华人出洋的告示，复派人到各地宣传招工章程。这样在西方侵略者的炮制下，开始了所谓的"自由移民"潮流。1859年底，第一批华工119人由香港出洋被贩往英属西印度。1860年10月，中英、中法《北京条约》签订后，香港、汕头、厦门等各地的招工公所相继成立，成为所谓合法的招募华工的机构。在这期间，有不少外国传教士深入中国内地以传教为名，招诱农民出洋。1860年12月至1861年4月，英属西印度在华第二次招工中，从香港和广州共开出10艘满载华工的船只，共运载3501名华工，其中有496名妇女和一些基督教徒及其家属，这在苦力贸易中实属首次。从1859年底至1866年初，仅英国在广东各地就招募了约12600名华工。"自由移民"与先前的苦力贸易没有任何实质的区别，只是更具有欺骗性。

当英法在广东策划所谓"自由移民"时，其他各地仍有苦力贸易的现象，尤以澳门最甚。1866年以前澳门的"猪仔"馆仅有 10 所,到 1873 年竟增加到 300 多所,增加了 30 倍,均为葡萄牙、西班牙、秘鲁三国人所开。靠招工吃饭的人就有三四万人。据不完全统计,这一时期从澳门贩运出国的华工多达 147729 人,秘鲁和古巴的华工有 56% 是这一时期自澳门运去的。

1848 年,北美西部萨克拉门托山谷发现金矿,两年后,这一地区归并美国,是为加利福尼亚州。因这里刚开发,林深草莽,人烟稀少,劳工缺乏。当时美国中央铁路还未修成,从美国东部或欧洲向这里移民也很困难。因此招徕华工来弥补劳力不足是一个重要途径。美国西部发现金矿后,向这里投资的一些资本家,派人到香港或广东各地大力宣传金矿的诱惑力。他们贴布告,撒传单,天花乱坠地把加利福尼亚描绘成一个神话般的世界,把圣弗朗西斯科称为"金山",说是在那里走在路上就能随处踢到金块,鼓噪中国人"快走向发财之路"。狂热的宣传,使沿海一带贫困不堪的中国人频频而动。最初有少数安装木屋的工匠随船来到旧金山,接着"发展成为规模相当大的人流",到 1882 年,已达 29 万人左右。

苦力贩子不仅贩卖华工,而且还拐卖妇女儿童。女苦力如开头所介绍的被称为"猪花"。1855 年,英国的英格伍德号苦力船偷偷装载 44 名中国女孩,其中最小的只有 8 岁。她们被拐骗卖到马尼拉或哈瓦那当童工。"猪花"的命运更是悲惨,她们以少女居多,被运到海外后有些沦为家奴,长大后成为妻妾,有些被卖到妓院沦为娼妓。

以上介绍的是美洲华侨形成的情况。在东南亚，由于与中国毗邻或隔海相望，华侨形成得更早。在中国古代，随着商品经济的发展，中外经济文化交流频繁，不少华人到国外定居。也有些因为生活极端贫困，或起义被镇压、政治上遭迫害及不堪战乱骚扰等多种原因出国而成为华侨。但华人大规模地涌向东南亚也是在鸦片战争以后。19 世纪后期，资本主义国家向帝国主义过渡，把大量资本输出到落后国家，更加紧了对殖民地的原料掠夺和商品倾销，这一时期，东南亚矿业的开采，橡胶园的开辟，城镇、港口、道路的大规模建设等，对中国劳动力的需求倍增，故而这时期东南亚华侨数量剧增。以马来亚为例，新加坡 1836 年有华侨 13749 人，1901 年猛增到 164681 人；1833 年槟榔屿有华侨 11010 人，1901 年增到 97471 人；1827 年马六甲有华侨 5006 人，1901 年达 19408 人。

1864 年太平天国农民起义失败后，东南各地的许多农民起义军为逃避清政府的屠杀逃亡海外，除有少数逃到美国外，大部分逃到南洋一带。1854 年，杜文秀率领回民在云南大理起义，建立政权长达 18 年之久，曾与印度人、缅甸人在瓦城（曼德勒）做生意，云南腾冲回民从此来缅者甚多。后来起义失败，不少回民被清政府屠杀，有许多回民逃到缅越地区定居。1877 年，小刀会起义，众人响应，失败后一些人逃往南洋，"于是都人侨居南洋群岛，经营商业，娶妻成家，日益众"。1894 年，中日甲午战争爆发，清政府失败后割让台湾给日本，台湾人民不甘受日本的殖民统治，纷纷起来反抗，但终因孤立无援、众寡悬殊而失败，"众多反日志士相率迁移南洋群岛"。

澳洲和非洲华侨也多是在此期间被殖民者贩运去的。1848 年第一艘赴澳的苦力船运载 100 个成年华人和 20 个男童到澳大利亚，至 1855 年华工抵澳者已达 17000 人，1857 年有 25424 人，1881 年有 38533 人，1901 年有 29627 人。1904 年，第一批华工被运到非洲，至 1906 年到非洲的华工多达 51427 人。从 1906 年到 1910 年，由中国山东、河北、东北等地到俄国去的华工达 55 万人，平均每年 11 万人。契约华工出国的现象直到 20 世纪 30 年代才结束。欧洲华侨的形成比其他地方稍晚些，1914 年第一次世界大战爆发后，英、法、俄等国的青壮劳力均被征到前线打仗，前后方急需大批劳力，这些国家遂到中国大肆招募华工。据统计，这期间约有 20 万华工被征到欧洲去，战后大部分返回国内，有少部分留下成为华侨。

从上述华侨形成的几种情形看，以契约华工即"猪仔"贸易而形成的华侨为最多。据有人统计，从 1801 年至 1925 年，中国在外的契约华工约有 300 万人。这种充满恐怖、野蛮和残忍的掳掠形式，使贫穷落后的中国人像牲畜一样，随时随地都有被抓走的危险。连英国公使卜鲁斯也不得不承认，在沿海一带"已经没有一个中国人能够安全。他们无论是在街上、田野或河道中，都可以遇到拐贩人口的强盗"。这也充分说明，西方殖民者凶残掠夺华工，是其血腥的殖民史上最肮脏、最丑陋的一页。

　"浮动地狱"的怒火

17、18世纪,西方殖民者为贩卖非洲黑奴开辟了大西洋中段航道,暗红色的血水把深蓝色的海水染成紫褐色,这血水和海水浓浓地记下了一页殖民者贩运黑奴的黑暗的历史。19世纪40年代,西方殖民者又开辟了贩运"猪仔"华工的太平洋航道,在这条紫褐色的水道上,往来不断的阴森可怖的苦力运输达30年之久,血水和海水又记下一页贩运"猪仔"的罪恶的历史。

西方人贩子掳掠拐卖华工是十分野蛮的,贩运华工也是极端惨无人道的,不亚于非洲的黑奴贸易。每个西方人贩子的手都沾满了中国人的血渍。有人把贩运苦力的船只称作"海上浮动地狱"或"鬼船"。甚至连参与苦力运输的当事者都直言不讳地供述:"华工船再现了黑奴船上的恐怖景象","即使是非洲奴隶贸易最盛时期……也比不上中国奴隶船上那样可怕"。这些从当事者嘴里说出的话是不会夸张的。

被诱拐来的华工一进"猪仔"馆,就完全失去了自由,如陷囹圄。运输苦力的船只门窗和中桅后面都钉上铁栅栏,对着苦力的舱口装有小炮以防其暴动。当时,从澳门到古巴要航行147～160天,至美国加州需要75～100天,至秘鲁需要130天。而实际上海上的天气变幻莫测,经常使航行时间大大延长,而且从中国到南美洲要两次经过赤道地区,大部分航程均在极其炎热的气候中度过，令人难以忍受。在这漫长的航程中，华工受尽了残酷的折磨和迫害。他们上船后，就被锁在又闷又热的底舱。西方人贩子和航商为了多赚钱，本来只能装 300 人的舱位硬要塞进六七百人；有的甚至在甲板下再加插一层夹板，再塞进一些苦力，他们一路只能永远躺着；有的苦力船超载几倍甚至 10 倍。船舱里的华工犹如罐头里的沙丁鱼密密麻麻地排列，每人仅有一尺来宽，"日则并肩叠膝而坐，夜则交股架足而眠"。往往船还没有起航，华工们的腿已经酸软难忍，何况要经过 100 多个痛苦难熬的日日夜夜！船里空气窒息，饮食恶劣，粪溺随处，疾病流行；船主、水手百般欺凌虐待华工，死亡者不计其数。如 1857 年秘鲁苦力船科拉号上，竟有 285 名华工因食霉变食物得痢疾死去。1864 年，广东南海县华工陈阿胜被贩卖出洋所乘的苦力船，因无水喝，"渴死了约 300 人"。

对华工的肆虐迫害，更是屡见不鲜。

1855 年 10 月，一艘美国船运载 440 多名华工驶离汕头开往秘鲁，途中因船长病死而在菲律宾停泊，船上的华工因不堪人贩子的虐待，纷纷要求上岸，结果不但不被允许，反有 5 名华工被全副武装的打手当场开枪打死，后来又有两人被无故杀害，其余华工全被锁在夹层舱中达 14 小时之久。当代理船长令打开夹层舱门时，结果有 312 人窒息而死，其惨状目不忍睹。

1859 年 10 月 8 日，英商租用美国苦力船满载 850 名华工从澳门驶往哈瓦那，为了防止华工反抗，英国人贩子将华工全部禁闭底舱，还用木杠钉死舱口，如"牢门加锁加杠一样牢固"。这些苦力像在地狱里一样开始了漫长的航行生活。14日晚，海上狂风大作，巨浪滔天，轮船偏离航线触碰暗礁，碎木腾空而起，船身急剧倾斜，海水迅猛涌入舱内。残忍的英国人贩子不但不采取任何措施营救，而且不准华工设法自救，直到他带领众打手爬上救生艇逃走，也不许打开钉死的舱门。他们眼睁睁望着850名华工同沉船一起被波涛汹涌的大海吞没，竟然无动于衷。

1871年5月，从澳门出发的秘鲁苦力船在海上航行两天后，船舱内突然起火，当时有650名华工被紧锁在底舱。浓烟滚滚涌进舱内，众华工们呛得喘不过气来，呼喊水手赶快打开栅门救人。可是甲板上的水手视若无睹，全不理睬，更不去开锁，纷纷跳入救生艇弃船而去。许多华工被烟熏死；不少拥挤着往外冲，有些被踩死；侥幸冲出来的满身是火，翻滚着跳入海中，复被海浪卷走；最后只剩下50多人因抓住断桅而活命，其余近600人葬身火海。

1872年7月，在香港改装的苦力船发财号到澳门载运305名华工出洋，航行途中遇到一艘失事折回的苦力船，又将700名苦力移到发财号上，小小的发财号共载1005名苦力开往哈瓦那。天气炎热，船小人多，拥挤难忍。华工奋起反抗，遭到西班牙人贩子的血腥镇压，不少华工受到酷刑毒打，至古巴，"计在船死者80人，半皆受重伤"。

西方殖民者惨无人性的摧残迫害，必然激起华工的英勇反抗。不畏强暴的中国人民，是不甘任人宰割的，他们用自己的血肉之躯谱写了一曲曲正义的反抗之歌。据记载，在48起苦力船事件中，华工暴动就有38起，其中有26起取得了胜利。如最早的一次苦力暴动发生在1850年9月7日，法国苦力船亚尔号载着苦力从香港开往秘鲁。途中，华工奋起反抗，杀死船长和一些水手，并迫使水手长和剩下的水手返棹回华。1851年至1852年的一年中，从厦门开出的苦力船中就发生了6起华工暴动事件。如其中的包恩号在航行途中，船长百般摧残华工，将他们陆续提到舱面，用冷水和大扫帚洗刷全身；将10多名卧病不起者当场打死扔到海里。愤怒的工友们操起船上的家伙为死难同伴报仇，一举打死了船长、大副、二副和3名水手，其余的船员吓得爬上桅杆。华工推举出自己的船长，逼使英国水手把船开往附近的岛屿。但美国公使诬指这一正义行动为"海盗案件"，勾结英国人联合搜捕屠杀华工，结果有475名华工被捕杀，仅有125人生还。再如1865～1866年澳门苦力贸易最猖獗时，连续发生10次华工夺船事件。在暴动中，华工表现出宁死不屈的反抗精神。如在卡那瓦罗号和吉多号船上，华工冒着密集的子弹，前仆后继地传递着火把，奋力烧船，直到将船焚毁，沉入大海；普罗维登扎号苦力船，在日本北海道附近海面上被发现时，船上血迹斑斑，破坏不堪，从华载出的380名华工，只剩下42人，船上的欧洲人贩子一个不剩，全被杀死。赤手空拳的华工们尽管付出极为惨重的代价，但他们敢于奋争的精神，惊天地，泣鬼神，使西方殖民者闻之丧胆。

"有海水的地方就有华侨"

从鸦片战争到第一次世界大战期间，有大量中国人被西方殖民者以各种形式掠往国外，构成近代华侨分布的基本布局。当时中国是世界上人口最多的国家，它在海外的侨民遍布世界各地，也是世界上在海外侨民最多的国家。"有海水的地方就有华侨"，这句话大体上是符合实际的。据《东方杂志》1907 年统计，全世界各地的华侨总数为 8955889 人。但这里包括台湾225 万人，香港 31.4 万人，澳门 74560 人，实际上这些地方为中国领土，其居民不应算作华侨。如果扣除这些人口数字，那么全世界华侨的实际人口总数为6317329 人。其大致分布如下：亚洲 4258300 人（其中南洋一带有 4192300 人）；美洲 272829 人；澳洲 30000人；非洲 7000 人；欧洲及其他地区 1749200 人。

华人初到国外，人地生疏，势单力孤，时有被吞噬的危险。为保障自身的安全和经济利益，他们只得在当地建立各种社团组织。但这种社团组织封建性很浓厚，又常受外人挑拨，因之其内部不团结，常常发生械斗，使自身生命财产损失很大。而外国人幸灾乐祸，乘机渔利，借此诬蔑华人；当地政府借此滥捕华侨，漫施酷刑，煽动排华。这种现象直到孙中山在华侨社会中宣传发动革命，将华侨的革命爱国情绪发动起来后才有很大转变。辛亥革命前，华侨社会的社团和组织情况大致如下：

　　美洲华侨社会的主要组织是天地会，后来改为致公堂，其宗旨是反清复明。但由于远离祖国，随着时间的推移，多数致公堂组织已经淡漠了自己的宗旨。华侨为了保护自己的身家性命，大部分加入了致公堂，故该组织不断扩大，内部堂号林立。自 19 世纪 60 年代以来，致公堂在美国有十二大堂，即秉公、合胜、萃胜、瑞端、安益、萃英、协胜、协英、广德、竹林公所、保良公所、金兰公所（三所成员寓于堂）。会馆也是美国较早的华侨社团组织，较有名的有七大会馆，即三邑、阳和、宁阳、人和、冈州、合和、肇庆。这些会馆后来联合，以中华会馆为总机关。此外，早期美国华侨还较侧重姓氏组织，如刘、关、张、赵四姓的"龙冈公所"，雷、方、邝三姓的"溯源公所"，陈、胡、袁三姓的"至孝公所"及谈、谭、谢、许四姓的"昭伦堂"等。

　　在南洋一带，华侨帮派多侧重地域组织。其内部的宗法思想非常浓厚，其中有以省县为单位的，如福建会馆、广东会馆、广西会馆、宁波会馆、惠州会馆、中山会馆、八邑会馆及华北同乡会、江西同乡会等。还有以姓氏为单位的，如林氏宗祠、陈氏宗祠、张氏宗祠、李氏宗祠等。较大的地域组织以闽、粤二省籍的华侨为明显。广东派又分为广府、潮州、客家三帮；福建派分为福州、闽南二帮。南洋华侨中也有会党组织，如天地会、兄弟会、哥老会、龙门会、八卦会等。

　　当时华侨的职业，在不同地区情况有所不同。在南洋一带，华侨主要有种植园工人、各种手工业工匠、建筑工人和小商小贩四种职业，其中华侨商人，较其他侨居地为多，并且拥有较大的经济实力。在美国及美洲其他国家和地区，华侨绝大多数是工人，从事种植、开矿、筑路与服务行业，还有一小部分经营洗衣铺、小餐馆和杂货铺等。澳洲华侨（以澳大利亚为主），当时以淘金工人居多，也有些开餐馆和种植菜、果的。总的看来，华侨社会的构成以工人、店员、小商小贩占大多数，其次是商人或中小资本家，大资本家只占极少数。

西方列强狼来虎去，肆意践踏吞噬中国，国弱民穷，造成众多数量的华侨；华侨为了自身的生存，被迫组帮结派，形成华侨社团。华侨的前身均为下层劳动人民，他们出国之初生活贫穷，白手起家。凡此种种，决定了广大华侨在海外受人欺辱、压迫、宰割，因此，他们十分渴望祖国强大，蕴藏着反帝反封建的社会思想基础。

4 荷印的"红溪惨案"

近代千百万华侨因贫穷被迫出国谋生，或同奴隶一样被贩卖出国，软弱衰败的清政府却不但不保护，反而认为他们出国"有辱王化"，加以迫害。因而使得华侨在海外的处境十分悲惨，备受歧视。在经济上，他们受到当地政府、资本家或殖民者的排挤和压抑，在夹缝中求生存；在政治上，他们被视为"劣等民族"、"低等居民",受尽欺辱和极不平等的待遇,不但毫无自由和人身保障,而且屡遭残酷迫害、大肆屠杀,一些侨居国不断制造排华暴行,酿成了无数次震惊中外的人间惨案。华侨出国血泪斑斑,他们侨居同样斑斑血泪!

1740年,统治印度尼西亚的荷兰殖民者在巴达维亚(今雅加达)对华侨进行了一次震惊世界的血腥大屠杀,全城1万多名华侨被惨杀,鲜血染红了红溪河水,这就是骇人听闻的"红溪惨案"。

约在17世纪20年代,经过尼德兰资产阶级革命后的荷兰殖民者,先是打败西班牙,接着又与英国角逐,赶走了英国人,夺取了雅加达,并以荷兰人祖先的名字将雅加达改名为巴达维亚,开始对印尼的血腥殖民统治。荷兰殖民者想把巴城建成"亚洲贸易大帝国"的中心点,而当时该城已被战火夷为平地,急待重建,当地土著居民对荷兰殖民者有仇视心理,勤劳朴实的华人遂成为建设巴城的主要劳动力。荷兰人占领巴城前,在该地居住有约300名华侨。因清初厉行海禁,严禁国民出海,荷兰人拟向中国本土掠取大量华人的图谋未能实现,便从其他地方招引华侨到巴城。1682年巴城华侨有3000人,1739年增加到15000多人。

华侨来到巴城,对城市的建设和经济发展起到了重要的作用。他们把原来四处荒芜的沼泽地变成良田,使原来破落的港口小镇变成高楼林立的繁华的港口城市。同时巴城华侨也成为荷兰殖民者剥削的主要对象。

他们对华侨征收名目繁多的苛捐杂税，横征暴敛。对华侨的税收是荷兰殖民当局的主要财政来源。1568年，殖民当局宣布征收人头税，华侨不满于税务负担太重，纷纷离境回国或到他处谋生，使城市一度陷入萧条，迫使殖民当局于1670年开始豁免人头税，鼓励华侨种植甘蔗和从事制糖业。后来清政府开放海禁，又有大批华侨涌进巴城。反复无常的荷兰殖民当局，需要华侨开发生产时，千方百计引诱他们到这里来；当华侨人口激增时，当局又害怕华侨人众难管，多方下令限制华侨移入，甚至残酷迫害华侨。从1727年始，当局数次颁布命令，实行居留许可制度，无证或逾期不换新证者按贼党论罪，而且居留证更换频繁，不少华侨因此被"治罪"。

一次，荷兰殖民官吏捕到几个没有居留证、身穿黑衣服的华侨，竟荒唐地认为"服乌衫裤的唐人，日间为好人，黑夜即为贼"，遂由总督下令，凡穿黑衣服的华侨都要捉拿。因华侨平素多着黑色唐衫装，命令一出，纷纷被捕治罪，弄得侨商人心惶惶，竞相逃离，以至城外的侨商也不敢贸然进城做生意。更有甚者，1740年7月25日殖民当局通过一项决议，规定：凡是被认为可疑的华侨，不论有无居留许可证，都要逮捕受审；凡是不能证明其正当职业的华侨，一律遣送锡兰岛荷兰人种植园里做苦工。当时在华侨中传说荷人将华侨运往锡兰途中，趁夜把他们抛入海里淹死，这更引起华侨恐慌和极端愤怒，酝酿着一股强烈的反抗情绪。10月8日晨，丹那望的一些持有武装的华侨与荷兰殖民武装发生冲突，被荷军用大炮击败。当晚，巴城郊区华侨起义，向各城门进攻。荷兰殖民当局害怕城内外华侨联合反抗，决定先清除城内华侨，一场对华侨的大屠杀便发生了。

10月9日，荷军击退攻城的华侨起义者后，殖民当局借口城内几处华侨房屋起火是起义者联络的信号，派出全副武装的士兵挨家挨户搜查城内华侨住宅的"私藏武器"。由于殖民者事先派奸细鸣锣传令说：当局有令，唐人果真是好人，可闭门在家，夜间不可外出，恐巡夜之兵，误伤无罪之人。各家华侨不知是计，都老实地待在家里。结果搜查者露出强盗的狰狞面目，四处放火，浓烟烈焰，挨家挨户屠杀，刀光剑影，呼号悲惨，血水成河，尸体遍地。全城华侨，除少数为虎作伥者外，男女老幼无一幸免，皆遭残杀；华侨所有房屋都化为灰烬，财产悉被抢掠。巴达维亚夜晚成了"也许是全世界所经历的最恐怖之一夜"。大地被染红，红溪变成血溪。荷兰殖民者制造的令人发指的红溪惨案，是对华侨犯下的滔天大罪。

 西菲殖民者的血腥屠杀

翻开菲律宾华侨史，一幅幅令人惨不忍睹的画面展现于人们面前。这是一部华侨血泪斑斑的被迫害史。

16世纪老牌殖民国家西班牙占领菲律宾，开始了血腥的殖民统治。西菲殖民当局利用华侨开荒建埠，奴役压榨华侨为其当牛做马。但一旦当地初见繁荣、华侨经济有所发展时，殖民当局又害怕华侨发展起来威胁自己的统治，便采取过河拆桥的卑鄙手段，制造借口，大肆屠杀华侨。

1603年，明朝的一个太监带领几个人前往菲律宾机易山探测金矿。西菲殖民当局借此大做文章，蛊惑造谣说，中国即将入侵，华侨充当内应。霎时，西班牙殖民者、当地土著居民及日本侨民等皆与华侨为敌。华侨起而反抗，西菲殖民者借机大肆镇压屠杀，乃至杀死所遇到的每一个华侨。华侨的房屋被烧光，财物被洗劫一空。殖民者把抢掠到的丝织物及其他贵重物品，皆用箱子、布袋运走，甚至连裤子也脱下来装载抢来的东西。这是西班牙殖民当局对华侨进行的第一次大规模的屠杀，约有两万多名华侨惨遭杀害。

30多年后，即1639年，殖民当局的刽子手们，再次恶狠狠地举起闪光的屠刀向华侨劈杀过来。这次大屠杀是由于卡兰巴地区的华侨不堪殖民者的奴役掠夺而奋起反抗，并要攻打马尼拉。殖民当局害怕城内华侨接应，公然下令杀死城内所有华侨，并疯狂地炮轰华人集聚区，顿时唐人街一片火海，2.2万多华侨遭到杀戮。菲岛有几条河流的水因尸体污染达8个月之久不能饮用。刽子手们4个月未封刀，生灵遭涂炭，大小菲岛到处飘荡着华侨的阴魂。

1662年，明室遗臣郑成功遣使菲律宾，呈《致菲律宾总督之国书》，谴责西菲殖民当局虐待华侨的残暴行为，表明维护华侨利益的严正立场。殖民当局危言耸听，说什么郑成功要来进攻，以当地华侨为内应，并下令将所有华侨集中囚禁起来，接着开始了持续18天的大屠杀，有4000多人遇害，鲜血染红了马尼拉城。

1686年，从马尼拉传出谣言说，制造面包的华侨将碎玻璃和碎金属有意投放在面包中，想暗害西班牙人。殖民当局不做调查，轻信谣言，下令将所有经营面包行业的华侨驱逐出去，由西班牙人接手经营。华侨十分愤慨，冲进警署，杀死警长及几名西班牙人。当局疯狂报复，将几百名华侨屠杀。一则谣言致使几百名华侨变成冤魂。

1762年，英国与西班牙为争夺殖民地发生厮杀，英军很快占领马尼拉，长期受西班牙压榨的华侨起来支持英军。老羞成怒的西班牙殖民当局逃亡时，下令处死岛上所有的华侨，他们将华侨每10人至15人的辫子拴在一起，再系上大石头，投入大海中淹死。1764年，西班牙殖民者重返马尼拉，又有无数华侨被绞死。

在英属新加坡、马来亚，华侨的处境虽没有印尼、菲律宾那样悲惨，但也同样饱受殖民者的压迫和剥削。20世纪初发生在新加坡的"烈女事件"就是典型的事例。"英人验疫，故意侮辱中国人，不论男女，一律裸体候查。医生对于害羞女子，更肆戏弄，俾群鼓掌为快。有某烈女，俟其近，据此批其颊而痛骂之，旋即蹈海死"。这是英国殖民者侮辱歧视华侨的铁证。只不过他们一般采取"间接统治"、"以华治华"、"分而治之"的手段，比起露骨的屠杀较为隐蔽而已。

在法属印度支那，法国殖民者对华侨的歧视和剥削也是相当厉害。他们对华侨的税收多如牛毛，尤其对华侨征有歧视性的人身税。而同样为亚洲侨民的日本人和印度人，却不纳此税。因为，甲午战争后，日本称霸远东，法国亦不敢小视，印度因有老牌殖民者英国的庇护而不纳税。唯独我华人例外。

"天使岛"的辛酸泪

美国与英国、西班牙等老牌殖民主义国家比较，是个新兴的发达的资本主义国家，尤其是19世纪60年代前期经过南北战争，消灭了南方的奴隶制，资本主义得到突飞猛进的发展。政治上也以所谓的民主相标榜。但在其民主的背后也充满了贫富悬殊、劳资矛盾尖锐、种族歧视等。因此，美国也成为近代排华最为猖獗的国家之一。

第一批华工一踏上美国领土，就陷入了受歧视与被欺侮的困境，他们被称为不开化的"野蛮人"，拖着的辫子被称为"猪尾巴"。当华侨头上缠着辫子走在街上的时候，常被美国流氓作为殴打侮辱的目标，他们往华侨头上抛掷石头、木棍、马铃薯、臭鸡蛋等，时常将其打伤或弄脏其衣服，然后流氓们拍掌大笑。华侨报告警察，警察根本不理睬；有时抓到流氓送到警署，打伤脑袋只罚款5元充公了事，以后这种事仍照常发生。对那些为美国流血流汗创造财富的华人，美国政府和资本家过河拆桥，大肆驱赶排斥，对他们进行种族歧视。19世纪70年代后，美国经常出现周期性经济危机，经济萧条，工人大批失业，社会阶级矛盾尖锐。一些政客、种族主义者们，为了转移阶级矛盾，借机煽动排华，胡说失业是华工来美竞争引起的，同时大肆鼓噪种族主义滥调。共和党和民主党的政客们，甚至把"排斥华人"列入竞选政纲，以致排华舆论越来越烈。到 1882 年美国国会通过排华法案，由总统签署执行，美国历史上从此出现第一个对华人种族歧视的联邦法律。该法案规定：禁止华工（不管有无技术）移民 10 年；华人必须登记和携带有效护照；华人不能归化为美国公民；禁止在美华工家眷入境；允许持有中国政府英文证件的华人（非华工）教师、学生、商人、旅客及外交人员入境，但美国移民当局要严格"鉴别"其身份。"鉴别"时所受的侮辱和虐待，是无法忍受的。从 1882 年 5 月排华法案颁布时起到 1903 年 7 月，禁令从 15 项竟增加到 61 项，而该法经过延长、再无限延长，一直沿用了 61 年，直到第二次世界大战有 13000 多华侨参加美国军队，中国又是美国的盟国，才于 1943 年废止。

早在排华法案出笼以前，加州各地就经常有成群结队的美国暴徒专找华人寻衅肆虐。该法案出台后，加州的排华暴行如火上浇油，而且迅速蔓延全美各地。

1885 年 9 月，怀俄明州矿镇石泉（Rock Springs）有一处 700 多华人的住宅区，被上百名暴徒纵火焚烧，华人遭到暴力袭击，财物被抢劫一空。华工廖颂臣等 28 人当场惨遭杀害，其中 11 人被关在小屋子里活活烧死，还有许多人带着重伤被赶出家门，共有 600 多人被撵出这一地区，而罪犯、凶手却逍遥法外，不受任何追究。

1886年1～4月，加州有35个地区发生了排华事件。

同年2月，西雅图发生一场排华暴乱，300多名华人被迫离开家园逃走。

1887年7月，旧金山华人区再遭袭击，有25家华人洗衣店被焚毁。

同年，华盛顿州东部蛇河（Snake River）有31名华人矿工惨遭杀害。

1900年1月，美国当局借口防止瘟疫，在刚合并到美国的檀香山点燃了41处所谓的"卫生火"，却唯有唐人街的一处火势"控制不住"，华侨苦心经营多年的家业被付之一炬。

如此等等，足以说明排华法案给华侨带来了什么！

排华法案通过后，有数不清申请赴美的新移民，包括革命领袖孙中山，饱尝了美国移民拘留中心铁窗的滋味。当他们刚踏上美国国土时，必须在三藩市（华侨称作旧金山）的一座红砖大楼的移民站接受盘问和检查。1905年三藩市大地震移民站被毁后，便移设到傍海的太平洋邮船码头附近的一间破屋里。但因这里与陆地相连，入境移民易受岸上亲友或其他白人的照应担保，于是政府当局出于排华需要，选择开辟了一个与陆地隔离的距旧金山北部3海里的"西部埃利斯岛"，作为移民拘留中心。这即是被称作人间地狱的"天使岛"。"天使岛"上的监狱般的暗无天日的木楼里，待审的亚洲移民男女分屋居住。住屋密密地排满了三层或四层的多层床，空气混浊，光线阴暗，卫生条件极差。门外加上铁锁，实行严格的禁锢。凡是能通外面的窗户、走廊均用铁丝网封锁，屋外四周均圈有高不可攀的铁丝电网，常年有人严守监视，与拘禁囚犯毫无区别。一位美国移民官的太太看过移民站后不无动心地说："把人安置在这样的地方，太残忍了。"曾任移民局局长的 W.W. 赫斯本德也承认说："我所见过的移民站中，天使岛的环境是最差的一个。"从这里人们不难想象天使岛的阴森恐怖情况。

1910 年，天使岛移民拘留中心开始启用。中国移民一下船，就被送进来监禁候审，少则几月，多则几年；多次盘查，多次刁难；多少耻辱，多少悲愤！结果还是有不少人被遣送回国，有些人甚至不堪忍受移民官员侮辱而含愤自杀。到 1940 年，约有 20 万名中国移民在天使岛被监禁过。他们吃着令人作呕的饭菜，身上仅有的一点生活费也要被贪婪的移民官吏搜刮去，如不向移民官贿赂就可能被无限期地留在这里。审问者故意刁难，吹毛求疵；被审问者神经高度紧张，或记忆不清，回答稍有含糊，即受到"驱拨回国"的判定。有一位叫黄雪利的华侨妇女原在美国已取得入境居留权，后因回国探亲于 1924 年 1 月 15 日再次回到美国，即被拘禁在天使岛移民站。移民局官员硬说她有肝病，要把她驱拨出境。后因其家人延请律师上诉到联邦法院，直到 1925 年 6 月前后共禁锢 15 个多月，才摆脱在天使岛的悲惨生活，重新恢复原来的入境居留权。

每一个在这里拘留候审过的中国人都有一本血泪状。在木屋四周那残破陈旧的木壁上留下的依稀可辨的用斑斑血泪写就的诗文上，真实记载着当年曾在这里拘留过的华人的悲惨经历。其中的一首写道：

为什来由要坐监？

只缘国弱与家贫。

椿萱倚门无消息，

妻儿拥被叹孤单。

纵然批准能上埠，

何日满载返唐山？

自古出门多贫贱，

从来征战几人还？

这首诗把华人出洋谋生的境况写得何等悲凉，又是何等悲愤！

在其他各侨居地的华侨处境同样悲惨。在加拿大太平洋铁路建成后，华工作为廉价劳动力的价值失去了，于是第一个限制移民的排华法出笼了，规定凡进入加拿大的华人在进口的港口或其他入境处需缴人头税50元。1903年入境人头税增到800元，1923年增到2300元。

"澳大利亚是白人的澳大利亚"，这是澳大利亚排华时叫得最响的一句口号。这个口号明显地说明，华侨在澳大利亚是没有任何地位的。

二 艰苦卓绝 筚路蓝缕

 开埠功臣叶亚来

鸦片战争以后几百万华工被贩运到世界各地，以他们的辛酸血泪铺就了当地经济繁荣与社会进步的根基。他们历经艰难曲折，尝尽人间的苦辣辛酸，在异国他乡求生存、谋发展，在飘零磨难中奋斗、拼搏。他们用拓荒者的筋肉血汗，以中华民族的勤劳智慧，为侨居地的经济开发，为当地的社会进步，为传播中华民族古老优秀的文化，作出了举世公认的重要贡献。

早期华侨先驱移往海外，多以东南亚地区为首要落脚点。当时，南洋群岛一带多为荒山野地。前来谋生的华侨们，披荆斩棘，胼手胝足，以一代甚至几代人的汗水创造出一片新天地，成为当地经济与社会发展的拓荒者之一。

当今亚洲"四小龙"之一的新加坡，是东南亚的交通、贸易、金融中心，被誉为"东方花园"，闻名世界。可是，回溯它的历史可以发现，华人先辈来到这里开发之前，它只不过是一个沼泽密布、野兽出没的荒凉小岛。1819 年英国殖民者莱佛士来此"开埠"时，全岛共有居民 150 人，其中华侨 30 人。后来大批华工被招募至此开垦，马六甲等地的不少华商、华裔涌进这里开埠，建立"唐人街"。20 世纪初，华侨的橡胶种植和加工业、航运业及其他加工业得到迅速发展，使新加坡成为南洋转口贸易的大港，华侨占当地居民总数的 60% ~70% 。

马来亚的槟榔屿、柔佛、马六甲、雪兰莪、森美兰、霹雳等地的胡椒、甘蔗、木薯、橡胶等农作物和经济作物的种植，锡矿的开采，华侨都作出了重要的贡献。

马来亚的首府吉隆坡，位于巴生河与鹅麦河的汇合处，直到 19 世纪 50 年代这里还是一片灌木丛生的沼泽地。1857 年雪兰莪苏丹的第二个女婿和巴生的酋长阿卜杜拉，向马六甲的华商借了 3000 元钱，从卢骨雇来 87 名华工，乘船沿巴生河上溯至暗邦开采锡矿。历经千难万险，到达暗邦后的一个月内即死去 69 名华工，到开采锡矿时只剩下 18 名华工。这样少的华工开矿是困难的，于是他们又从卢骨招来 150 名华工。由于这里的锡矿储藏量大，矿业发展很快，运出矿石和运进供应品的船只穿梭来往不断。卢骨的华商争着到这来做生意，其中最早到这里做生意的一位华商叫丘秀，他在河流汇合处地势较高的地方开了一间商店，并在商店到船舶装卸货物的地方修了一条小路，这条小路据说就是今天吉隆坡的十字街。这样，吉隆坡很快就成为比较繁荣的小镇，丘秀以吉隆坡创始人的资格得到巴生酋长的认可，成为吉隆坡的第一任华侨甲必丹。丘秀死后，其助手刘壬光继承甲必丹职位；刘死后，又由刘的助手叶亚来（也称叶德来）继任。在叶亚来任职甲必丹期间，吉隆坡有了更大规模的发展，因此他被誉为吉隆坡的开埠功臣。

叶亚来，生于广东惠阳，家庭贫寒。鸦片战争后，他18岁时被贩卖到马来亚，先是当矿工，后又当了三年伙夫。稍有积蓄后，便做起小生意。因他有组织才能，成为当地海山会的首领。由于吉隆坡一带矿业发展迅速，矿税收入大大增加，因而当地封建苏丹和土侯为争夺矿税而展开了长达十余年的内战，华侨矿工也分成两派而互相残杀。此间吉隆坡三度被攻陷，当1872年吉隆坡失守时，叶亚来部属损失了1700人，他自己也差一点丢掉性命。1873年叶亚来率部收复吉隆坡时已是一片废墟，所有的建筑物都被破坏，居民大多逃散，矿场及其设备均被焚毁。原来初具规模的小城镇变成一片瓦砾。

叶亚来继刘壬光接任甲必丹后，开始了全面的恢复和重建工作。他领导华侨矿工恢复并建设矿区，修通了吉隆坡市区和各个矿场的道路网，开辟了航运交通；他鼓励移民在城镇周围辟地建村，生产粮食、蔬菜、肉类等，以供应城市需要，逐渐奠定了吉隆坡的城市规模。同时当地华侨人口增加也很快。1873年吉隆坡仅有茅屋12间，两年后已建起200多间木质结构为主的楼房。1879年以后，叶亚来组织人力烧砖瓦，于是400多间砖瓦楼房拔地而起。吉隆坡是在矿场上发展起来的新兴城市。当矿业重新恢复，产量不断增加时，带动了其他各行各业的迅速发展。叶亚来是当地最大的矿业主，他拥有矿场1.1万亩，雇佣华工1.2万名，月产锡3000担，占全雪兰莪州的1/2还多。城市的不断扩大，各种工业和加工业的不断发展，人口的快速增长，使吉隆坡的面貌日新月异。他还创办华侨学校，资助医疗事业，在当地华侨和马来人中享有崇高的威望。1890年，马来联邦组成时，吉隆坡成为首府。

1884年，对开发吉隆坡作出重大贡献的叶亚来病逝，时年48岁。英国派驻雪兰莪州的一位名叫瑞天咸的殖民官员对叶亚来有这样一段评语：

华人甲必丹叶亚来，不失为雪兰丹（莪）之表率，其才见识，皆称卓越。英驻官制实施前，此市尝为巫人（指马来人）焚毁三次，均由甲政重建之。彼之肩此重任，均因敦孤提阿乌定之恳请。彼筑漫长之公路，俾诸矿场与吉隆坡得交通，使诸华人安居此地，以迄今日。四境治安良好，实有足多。彼设收容所以纳病家，为其乡人公断是非，设窑造砖，出品粮食，茨厂规模，雄视各州，机械设备，由英籍技师主持。据其自述，雇佣于其矿场、园地、砖窑、建筑者凡四千人。凡此皆造成吉隆坡繁荣之主要因素，且已成为史实。在其乡人之心目中，甲政叶亚来乃一伟人，令群众信服。

这段话是对叶亚来开辟建设吉隆坡城所作贡献的中肯的评价。叶亚来不愧为吉隆坡的开埠功臣。至今，吉隆坡仍保有"叶亚来街"，以缅怀这位开埠先驱。

 ## 开辟"新福州"的黄乃裳

20 世纪初，沙捞越诗巫的兴起，是华侨为开发东南亚作出重要贡献的又一典型事例。中国福建有福州，多为人知。而马来亚的沙捞越也有个福州，即"新福州"，人们恐怕知之不多。提到新福州，当地华侨无不引以为豪，因为它记录了华侨成功的创业史。而这又是与黄乃裳这个名字密切联系在一起的。

黄乃裳，字绂丞，号慕华，福建闽清人，生于1849 年 7 月。父亲是位农民，由于家境贫寒，黄乃裳童年在家乡半耕半读，学习很勤奋。他 18 岁时和族叔一同受洗入基督教，并开始实习传道，27 岁时改学八股文。一年以后考入县学，成为生员。1888 年 39 岁时中举人。1897 年进京参加会试，被举为拔贡。第二年赶上"戊戌变法"，已接受维新思想的黄乃裳，立即投入这场资产阶级改良运动中。他与康有为及"六君子"交往密切，讨论变法新政，也曾八次上书，痛陈兴革。但这场没有坚实群众基础的改良运动昙花一现，很快遭到以慈禧太后为首的封建顽固派的血腥镇压，"六君子"血染菜市口，康、梁逃亡海外。黄乃裳因参与这场运动而遭到通缉，幸得友人救助，逃出京城，避居家乡福建。

1899 年，年届五十的黄乃裳在政治上郁郁不得志，对腐败不堪的清政府灰心失望，因而携眷南渡新加坡。经女婿林文庆的推荐，任《星报》总编辑。这期间，他遍游英属马来亚及荷属印尼等地，在北婆罗洲沙捞越的拉让河流域的诗巫，经过一番考察，发现这里地旷人稀，土地肥沃，气候温和，并有拉让河的灌溉和航运之便，是一处适宜大规模开拓的农垦地。遂由林文庆和邱菽园担保，与沙捞越土王查理·希洛克订立条约。条约的大意是：开荒的华人与英人一视同仁，不得歧视；开垦后的耕地在相当一段时间里享有低税的优惠权利；王家如需用开垦的耕地，须按时价估买；华人有居住、往来、言论、出版、信仰、航运、经商等自由，不承担丁税、差役、兵役等义务。条约订立后，黄乃裳发起成立"新福州农垦场公司"，所以诗巫又有"新福州"之称。

当时黄乃裳颇有一番雄心壮志，他开垦"新福州"一方面是为了躲避清廷的暴政和迫害，另一方面也是为了安置无业同乡，实行基督教中的所谓"利他主义"理想。为了实现自己的愿望，1900 年 6 月底，黄乃裳风尘仆仆地返回福建，招募家乡贫苦乡民，并筹集资金，购置农具、种子，聘请医生及工匠，第一批 72 人于同年底先期到达"新福州"；1901 年 3 月，黄乃裳亲自率领第二批乡民 535 人到达"新福州"，开始进行大规模开垦；1902 年他又第三次回福建招募 500 多农民来到"新福州"开垦。黄乃裳前后三次共从闽侯、闽清、古田、永泰、福清等地招募 1100 多乡民来"新福州"拓荒。黄乃裳带着这些勤劳的乡民，艰苦垦荒几载。他为了把这些人组织好、争取创业的成功，以知天命之年、羸弱之躯，竟然与他们同食共楣，同辛共苦，共奠基业。经过辛勤的耕耘，荒原草莽变成富甲一方的良田，人烟稀少的小村落在垦殖的基础上发展成一座有名的城市——"新福州"。1903年，《沙捞越宪报》报道了诗巫"新福州"的景象，称这里垦场前景光明，田园井井有条，一望而知"其出自著名于世之中华农人之手也"。与此同时，广东移民240多人也到诗巫一带进行垦殖，开建称为"广东芭"的垦场。

诗巫开垦之初，主要种植粮食作物、蔬菜及少量经济作物，后来又成功地从马来亚其他地方引进橡胶的种植和加工，使其成为当地主要经济作物和出口产品。继之又修筑道路，盖起了商店、学校、工厂。

但是，正当黄乃裳带领着他的众多乡民为继续开垦建设"新福州"而准备大干一番时，他与当地土王发生了不可调和的矛盾，结果使他的宏图半途而废。按照当时南洋的通例，称大农场为"港门"，称农场主为"港主"。凡是港主，都有包卖鸦片烟、酒，开设赌场等特权，以牟厚利。这本是对唯利是图、利欲熏心的港主、商人们所开的绿灯，当地的港主没有一个放弃这种特权的。而黄乃裳恰恰是个例外。黄是个基督教徒，自认为贩卖鸦片、饮酒、聚赌等不良嗜欲，都有伤道德，违背创办农场的初衷。因此，他毅然放弃此项特权。但沙捞越政府一向依靠上述专利作为主要财政收入，对黄乃裳在"新福州"抵制烟酒、禁止聚赌大为不满，一再提出警告。由于黄不理会这些，终于惹恼了沙捞越政府和土王，于1904年初下令驱逐黄乃裳。黄乃裳由此亏蚀了新币4万多元。此后，黄乃裳积极投身到孙中山领导的辛亥革命中去，成为孙中山革命的坚定跟随者。

今天，诗巫已成为沙捞越的第二大城市。以黄乃裳为代表的华侨开埠先驱百折不挠、披荆斩棘的事迹，将永远名垂这座城市的历史。

东南亚其他国家的开发和建设，也无不凝聚着华侨的心血。诸如印尼华侨开发了农矿林渔各业；越南、暹罗的稻米种植加工业多由华侨所经营；菲律宾手工业、商业，华侨独占优势。

 美国的华工纪念碑

美洲华侨的历史虽不如东南亚那样悠久，但他们对美洲大陆尤其是美国的开发和经济的发展，同样作出了重大贡献。

19世纪50～80年代大批华工被贩运到美国，形成最早的一代华侨；他们最初从事的劳动，是在美国西部加利福尼亚淘金。1848年初，离旧金山不远的萨卡拉门托东北发现黄金，引发了美国西部开发史上著名的"淘金热"，于是大批红了眼的人们向这里蜂拥而来。起初中国人移到这里来的并不多，1849年9月当地金矿近10万人，华人只有323人。此后资本家大肆贩运华工来淘金，华工才日益增多，1850年移入700

多人，1860 年增加到 34933 人，1873 年已达 13 万多人。大批华工为美国挖出巨量价值的黄金，所受的盘剥也很大。华工在开采金矿的 20 年中，向加州交纳了不下 500 万元的税金，占该州这项收入的一半。他们付出相当大的劳动量，甚至有不少人丧生在井下，而工资却比白人少得多。除开采金矿外，还有许多华工从事铁矿、煤矿、铜矿、银矿等金属矿开采。华人采矿不仅为加州，而且为整个美国创造了大量财富，大大促进了美国经济的繁荣和发展。

早期华工在美国从事的另一项繁重的劳动是修筑铁路。1863 年美国开始修建第一条横贯东西大陆的大铁路，即联合太平洋—中央太平洋铁路。这条铁路由两部分组成，东部为联合太平洋铁路，西部为中央太平洋铁路。东部全长 689 英里（1100 多公里），因为有一段是已建成的铁路，而且地势比较平坦，施工条件较好，建设比较容易；西部全长 1800 英里（约 2900 公里），地势复杂，要通过海拔二三千米的崇山峻岭，冬天气温低达零下三四十摄氏度，常有暴风雪，盛夏沙漠地带气温又经常在 40 摄氏度以上，在这样的条件下主要靠人力施工修筑铁路，其艰苦程度不言而喻。而在西部修建中央太平洋铁路的工地上，华工占筑路工人的 95% 以上，他们显然是筑路的主力军。数以万计的华工夏天顶着烈日战高温，冬天冒着风雪斗严寒，用血汗和生命谱写了一部人类征服大自然的可歌可泣的史诗。

当时筑路的华工经常保持在 12000 到 14000 人之

间，先后参加筑路者共达四五万人，白人工人总共不到800人，其中部分是监工，当筑路工的也是干些比较轻而没有危险的活。施工筑路中的累活险活全由华工承担。如内华达塞拉山脉的崇山峻岭，地形复杂，施工十分困难，尤其被华工称作"牛角岭"的地段，到处是悬崖峭壁，根本没有立脚的地方，但在这坚硬的花岗岩上硬要炸出一条可以铺设双轨的路基。华工们用柳条编成可容三四人的大箩筐，用绳索将筐系好，从悬崖顶上放下，然后站在悬挂半空的筐中打眼填药。点燃导火索后，崖上的人要以最快的速度把他们拽上去，速度稍慢些就会有粉身碎骨的危险。有的华工因绳索被岩石磨断而掉下万丈深渊。在这塞拉山脉的160多公里的危险施工地段里，华工竟付出死亡率高达10%以上的惨重代价。1867年和1868年的严冬，铁路公司为了赶进度，不顾华工死活，仍逼其在高寒的深山中施工，有时半夜里，正当华工们在临时搭起的帐篷中熟睡时，铺天盖地的暴风雪把人和帐篷埋在深达10多米的雪下。这些华工的尸体直到来年开春解冻后才能找到。至少有4次整个华工的宿营地被暴风雪冲到峡谷里。据老华侨回忆，为了修通这条"大动脉"，不下万名华工葬身这莽莽崇山峻岭中。铁路公司从来不予登记死亡的华工，并拒绝运送尸骨，把死难华工随处埋在路边，又不肯给死者抚恤。说这条大铁路是用华工的白骨铺成的并不夸张。

就在这样极端艰难险恶的条件下，华工们夜以继日，坚持到铁路竣工。1869年4月28日东西两线接轨的时候，西线的华工接受东线白人工人的挑战，用不到12个小时铺轨十七八公里，超过世界纪录，而东线爱尔兰血统的白人在相同的时间内铺轨不到10公里，只得表示甘拜下风。这条工程浩大的铁路，原筑路备料预计为14年，而实际只用7年时间即完工，这样的高速度是世界铁路建筑史上的大奇迹。但是，华工付出如此巨量的劳动，付出的生命代价是那么惨重，作出如此巨大的贡献，而他们得到的报酬和评价是什么呢？他们得到的是最残酷的剥削和最不公道的待遇。当时白人工人与华工的月工资比为45∶26（美元），而且白人供食宿，华工食宿自理。所有华工均无人身保险。中央太平洋铁路公司的老板们修这条铁路所赚利润为6300万美元，其中500万美元是靠压低华工的工资赚到的。1869年5月在萨克拉门托举行的庆祝铁路竣工大会上，没有邀请华工代表，几个曾在筑路中受过轻伤的爱尔兰工人被推为筑路英雄；会上讲话的人，大多只字不提华工。这就是对千万筑路华工的报酬和评价！但当时一位有点良心的法官 E.D. 克罗克（E. D. Crocker）还能尊重历史，说几句公道话："我要提醒诸位，这条铁路之所以能早日建成，大部分应归功于那些贫苦而被人蔑视的中国工人，他们忠诚勤奋，表现卓越。"还有些目睹华工在筑路中开山劈石、不畏艰险场面的记者，将华工誉为"美国之真实开路先锋"。在当时历史被歪曲的时代，真理与谬误颠倒。但被颠倒的历史总有一天要被重新颠倒过来，还它的本来面目。

岁月流逝，近一个世纪后，这一天终于到来了！1964 年，中央太平洋铁路所穿越的内华达州在纪念建州 100 周年时，宣布 10 月 24 日为向华人先驱致敬日，并在斯伯克斯（Sparks）市和弗吉尼亚（Virginia）市设立丰功碑，以表彰华人在开发美国西部及建筑中央太平洋铁路中所作出的不朽贡献。碑上有中英两种文字的碑文，中文碑文是：华人先驱，功彰绩伟；开矿筑路，青史名垂。

碑文雄浑苍劲，它是华侨用血泪和汗水浇铸的！历史终于还它的本来面目。尽管它迟到了些，当年建立功勋的广大华工没有亲身体尝到这份荣誉，但对他们在地下的英灵不能不说有着一丝的安慰！

除联合太平洋—中央太平洋铁路外，华工还参与美国其他许多铁路的修建，如旧金山与洛杉矶之间的铁路，明尼苏达的德卢斯直达俄勒冈州波特兰的北太平洋铁路等，都有大量华工流下的血汗。

华工还对加州地区的开垦作出巨大贡献。在萨克拉门托河和圣华昆河三角洲地区的旱地和沼泽地上，华工仅凭双手和简陋的工具开辟出 500 万英亩的良田。早年美国参议院的一份档案明确记载："没有华工，就没有西部的垦殖。"加州的轻工业、食品工业和渔业兴起与发展都有华侨先驱的功绩。当年夏威夷（檀香山）的开发也洒下华人的汗水，这里最大的生产业——糖业，是由华侨创始的，1802 年华侨在此建立第一个糖厂。

北美洲其他国家的开发和发展华侨也有所贡献。

1881 年至 1885 年有 17000 多名华工参加了横贯加拿大的太平洋铁路的修筑工作，搞爆破、凿隧洞、架铁桥等艰险的工程夺去了不少华工的生命。墨西哥的铁路、公路、铜矿、油矿等都留下华侨的足迹。尤其是与美交界的墨西卡利，原本是气候燥热、人迹罕至的荒漠，正是当年万余名华侨开荒建村，才使荒漠变绿洲，村落变城市，后来发展成为几十万人口的省会。中国移民与侨居国人民一道奋斗，创造了当地的历史，也构成了人类文明进步史的光辉篇章。

 ## "鸟粪年代"的华工

翻开拉丁美洲的历史，人们不难发现：同样有华侨用血泪和汗水写就的一页。尤其是在秘鲁的历史上，有一个世人很少听说过的年代，即 1840 年至 1880 年盛产鸟粪时期，被史家称作"鸟粪年代"。这个年代的名字虽然不甚好听，但它却是秘鲁历史上一段经济发展的辉煌时期，而这个辉煌时期就是华侨创造的。

19 世纪中叶，由于国际市场对蔗糖和棉花有大量的需求，因而为秘鲁农业的发展提供了一个绝好的机会。但废除黑奴制以后，秘鲁的农业由于劳动力缺乏，几乎处于半瘫痪的状态。此时，大约有 10 万华工被贩卖到秘鲁，其中有近 9 万人被送到种植园从事甘蔗和棉花生产，这无疑等于给一个濒临死亡的病人输了氧和血。

秘鲁的沿海农业区是华工最集中的地方。1874 年

6 月 11 日，即苦力贸易即将终止前的三个星期，还有 3982 名华人苦力被运进秘鲁，其中的 3100 人被投入这些沿海地区从事农业劳动。在这一地区的许多种植园里都曾雇佣过上百名苦力，有的甚至多达 1500 人。当地的报纸也直言不讳地说："这些土地现在为中国人耕种着。"华工的辛勤劳动，使秘鲁的农业出现了欣欣向荣的景象。从 1826 年到 1875 年的不到 50 年时间里，秘鲁的甘蔗产量增长 35 倍以上；1880 年比 1870 年糖产量增加了 77450 吨；自 1865 年至 1873 年秘鲁向英国出口的棉花从 8937 英担增至 99492 英担；当年华侨开创的水稻种植业发展迅速，至今单产仍居拉美各国之首。这些数字虽然枯燥，但足以说明华侨是秘鲁农业生产的主力军。正如一位秘鲁学者所说，华侨对秘鲁农业"起到了一种挽救的作用"。

在秘鲁沿海钦查群岛，储藏着大量的鸟粪。大家不要小看这臭乎乎的鸟粪，在化肥尚未问世的 19 世纪中叶，鸟粪作为含氮量很高的天然肥料，对西方工业文明的发展具有重大的经济价值，因而是当时国际市场上非常畅销的商品。对秘鲁政府来说，鸟粪可是了不起的"臭宝"。据有的学者统计，从 1840 年至 1880 年的 40 年中，秘鲁总共挖掘了 1200 万吨鸟粪，价值 7.5 亿比索。其中在 19 世纪 60 ~ 70 年代，秘鲁每年开采鸟粪的收入为 1000 万 ~ 5000 万比索，差不多占国家财政总收入的 75% ~ 80%。再具体地说，在这一时期，鸟粪收入的 60% 用于政府的行政开支，24.5% 用于军队开销。毫不夸张地说，没有鸟粪的收入，秘鲁的国家机器就无法运转。在经济上，自 1845 年以后，秘鲁的进出口平衡状态被打破，从 1859 年起，进口总值平均为出口总值的 4 倍。无奈秘鲁政府只好出售鸟粪，换取外汇弥补对外贸易中的亏空。同样不夸张地说，鸟粪资源避免了秘鲁财政上的总崩溃。

那么，鸟粪与华工又是什么关系呢？简单地说，华工是秘鲁鸟粪开采业的支柱。据记载，较早贩运华工到秘鲁的是多明戈·埃里亚斯，他 1853 年贩运 600 名华工到钦查岛挖掘鸟粪，不久增加到 1000 多人，到 60 年代先后有 4000 多名华工在钦查岛挖鸟粪。这里的自然环境恶劣，华工劳动条件很差，他们每人每天被强迫挖掘 4～5 吨鸟粪，劳动强度难以忍受，过了 10 来年后，华工仅剩不过百人，其悲惨程度可想而知。曾经到过秘鲁考察的清朝官吏郭嵩焘在日记中对挖鸟粪的情形有这样真实的描述：

濒海无雨，鸟粪屯积数万年，取之不尽。中国人充工呲鲁（秘鲁），以搬鸟粪为最苦。以岁久干结，锄锹所及，飞尘四扬，其气恶臭，又地气亢热，所以为苦。

广东香山人张贵，是当年挖鸟粪大群华工中的一员，他对华工的悲惨遭遇做了如下一段血泪控诉：

在鸟烘山名真渣（钦查）做工，有定限，每天装满两大车，如不完，即将两手两脚指用绳扎，吊打。每日不准多饮水，若在饮水处停一两秒钟时，即要鞭打。每天寅正常有两三人自缢的。又有许多在鸟粪高处投海死。又有挖鸟粪自埋死。大凡投海，俱系约定一百余人同时尽命。

这两段真实而又淋漓尽致的记述，再现了当年秘鲁华工那汗流浃背、浑身沾满鸟粪、弯腰驼背、不分昼夜地和鸟粪滚在一起及其挨打受刑的悲惨情形。"鸟粪年代"是秘鲁经济腾飞的年代，但这种经济的腾飞是建立在华工血泪汗水和累累白骨的基础之上的。

拉丁美洲其他国家的发展与繁荣也同样有华工作出的重要贡献。如古巴以产蔗糖而闻名于世，19世纪50~70年代，古巴的糖业发展成几倍地增长，而这个时期正是黑奴进口由限制到被迫停止的时期。黑奴劳动力大量减少，而蔗糖产量仍成倍地增长，其原因就是先后有8万多契约华工参加了甘蔗种植园及制糖厂的辛勤劳动，构成古巴蔗糖生产部门的一支重要的劳动大军。

1855年1月28日，历时6年修建的巴拿马铁路通车了。在此后的20年间来回运输的旅客近60万人，运输黄金和货物价值7.1亿多美元，被人们视为世界的"聚宝盆"。1914年巴拿马的另一巨大工程——巴拿马运河凿成通航了。它把美国东西两岸的航海距离缩短了约8000海里。巴拿马这两项巨大的国际交通工程闻名于世，它给人类所创造的财富是难以估算的。它对发展国际贸易，沟通两洋地区人们的友好联系，促进南北美洲特别是美国西部地区和巴拿马地区的开发和繁荣的作用，也是无法估计的。但是，许多人并不知道，为了这两项浩大工程的建筑，曾有两万多不知名的中国华工献出了自己的生命，那么到底有几万华工在这里劳动过，谁也说不清楚。蜿蜒的巴拿马铁路，昼夜流淌的巴拿马运河上，永远回荡着华工们的号子声，他们留下了一串串永不消逝的脚印，洒下了永远冲刷不掉的血汗。虽然已经过去了将近一个世纪，但当时、现在和以后，人们一直能够看到，在当初运河工程最艰难的地方，即运河中段的一座山的山顶上，矗立着一座凉亭——"契约劳工亭"。这是巴拿巴人民主要为纪念在运河开凿工程中死去的中国人而修建的。

三　和睦相处　生死与共

 刘亨赙塑像与王彬街

东南亚、拉丁美洲等侨居地，曾经长期遭受欧美各国殖民者的统治剥削，当地各族人民饱受压迫剥削之苦。近代以来，当地民族纷纷觉醒，揭竿而起，反对殖民主义、反抗外国侵略者的斗争风起云涌。具有光荣斗争传统和富有正义感的海外华侨，长期寄人篱下，受着当地统治者和西方殖民者的双重奴役和压迫，比当地各民族的处境更加悲惨。这就促使他们自觉地参加当地人民的革命斗争，并为当地的民族解放运动，为反侵略、反压迫的正义斗争，作出了突出的贡献，成为侨居国民族解放运动的忠勇战士。

在西班牙殖民者统治菲律宾的300多年中，共同的悲惨命运，使华侨的反抗斗争与菲律宾人民的反殖斗争结合在一起，联合起来共同反对西班牙殖民者的残暴统治。在菲律宾人民掀起的反抗西班牙统治的200多次武装起义中，多有华侨的积极参加和热情支持，涌现出了许多中菲人民患难与共、生死与共的动人事迹。

在19、20世纪之交的菲律宾革命战争期间，华侨积极投身于反西抗美的斗争，他们为革命军募集大批款项，组织"华侨义军"直接参加革命军，为菲律宾的独立、自由而浴血奋战。著名华侨将军刘亨赙就是为菲律宾的革命事业作出过杰出贡献的典型代表。

1890年，刘亨赙从家乡福建南安县来到菲律宾谋生，在一家铸造厂学习制造、修理枪炮的技术。他同情菲律宾人民的革命事业，积极支持反西班牙统治的"卡蒂普南"运动，并和该运动的著名领导人阿吉纳多结为好朋友。刘亨赙对菲律宾革命事业的同情和支持，以及在武器、机械方面的知识和出色的才能，受到阿吉纳多的赏识。1896年菲律宾革命战争爆发时，刘亨赙在卡维特省参加了革命军队，不久升为步兵中尉，领兵作战。当时，起义军的武器极端简陋，10个人才有一支步枪，剩下者只能以刀矛弓箭作为主要武器。刘亨赙当即建议建立革命军兵工厂，得到上级的嘉许和批准。就这样，在刘亨赙的亲自主持下建立了起义军的第一座兵工厂。在反对殖民者的战争中，刘亨赙英勇顽强，屡建功勋。1896年11月9日，殖民军大举进攻卡维特省起义军营垒，敌人来势汹汹，而起义军主力都开赴前线，危急时刻，刘亨赙率领一支由当地人民组成的大刀队上前线，以简陋的武器几次打退敌人的进攻，他自己也付出很大代价，但最终挽救了危局，刘因功被提升为上尉。1897年2月，西班牙新任菲律宾总督派大军向革命中心卡维特发动全面进攻，前线一再吃紧，他再次被征召来到前线，指挥部队防守作战有方，击毙一名殖民军的将军，立下卓著战功，被提升为少校。同年 9～10 月间，他再次因作战立功，被升为上校。此后，他在起义军经费十分短缺的情况下，几次在华侨中筹得大笔款项资助起义军。刘亨赙为推翻西班牙对菲律宾的殖民统治立下赫赫战功，最后官至陆军准将，成为菲律宾革命中闻名的华人将军，受到菲律宾人民的崇高评价。菲律宾第一任共和国总统阿吉纳多评价说："宝阿将军（刘亨赙）的公正无私和英雄风度，已获得全体菲律宾人民的感佩——他正是为他们的自由和幸福而献身的。他既然爱菲律宾一如其祖国，菲律宾自当视之为她的英勇的子孙了。"

菲律宾历史学家赛德撰写的《菲律宾革命史中一位华人将军》一文，也评价说："华裔自由战士何塞·伊格纳西奥·宝阿将军的生平和业绩，在菲律宾历史中是为人所鲜知的史实之一。这位英勇的炎黄子孙，曾用他屡经战阵的利剑，为菲律宾的独立事业做出贡献。他在菲律宾旗帜之下，先是为反对西班牙（1896～1898），继后是为反对美国而战；又由于他在战斗中勇猛过人，对第一菲律宾共和国忠心耿耿，因而由埃米里奥·阿吉纳多将军提升为陆军准将。他是菲律宾革命中惟一的华人将军。"

至今，刘亨赙将军的纪念塑像陈列在马尼拉附近甲米地省卡维特市的国家级纪念馆——阿吉纳多纪念馆等地方，成为中菲人民团结战斗的象征。

对菲律宾独立战争作出过重大贡献的还有一位叫罗曼·王彬的华侨。王彬祖籍为福建晋江。他在菲岛独资开设一家日杂百货商店。由于他经营有方，又重商业道德，因而生意兴隆，不久成为马尼拉的富商之一。在菲律宾革命的酝酿时期，他资助宣传运动，他的店铺也成为革命知识分子的集会场所。1896年革命起义爆发后，他以大量钱财、物资支持菲律宾革命武装，并因此而被捕下狱。出狱后，他支持革命的热忱未减。王彬的举动受到菲律宾人民的敬重。为了表彰他对菲律宾革命的贡献，马尼拉市议会于1915年通过决议，将华侨聚居的沙克里斯蒂亚街改为王彬街，并在街口建立纪念牌坊，名为"中菲友谊门"。1973年，在友谊门附近树立王彬的铜像和纪念碑，供后人瞻仰。今天，王彬街已成为菲律宾著名的唐人街了。

华侨对菲律宾独立战争作出了不可磨灭的贡献，受到菲律宾政府和人民的高度赞扬；同时在菲律宾历史学家的笔下留下这样一句掷地有声的话："菲律宾人民因而永远感激中国的恩德———一种非鲜血或黄金所能充分报偿的恩德。"

东南亚其他各国的华侨，同当地人民一道在反对西方殖民统治的斗争中也立下了汗马功劳。

在印度尼西亚，早在1693年爪哇人民和华侨就曾共同举起了反抗殖民侵略的义旗。1825～1830年在爪哇爆发的蒂波尼哥罗起义，就是"在西加里曼丹华侨的间接支援下，才能支持五年之久的"。而蒂波尼哥罗的起义，在客观上也支持了西加里曼丹华侨的反荷斗争。1873～1908 年苏门答腊亚齐人民的抗荷斗争，规模大、时间长，华侨运送军火支援起义军，使斗争能在困苦中坚持下去。20 世纪初，印尼民族解放运动兴起后，华侨从多方面支持印尼人民的民族独立运动。印尼资产阶级民主革命运动领袖苏加诺的革命活动，从早期开始就得到华侨的热情帮助。

在新加坡、马来亚，华侨与当地各族人民一道掀起了一次次的反抗英国殖民统治的斗争浪潮。1857 年沙捞越石门的华侨起义，矛头直指英国殖民统治，600 多名华侨矿工举起义旗，直袭首都古晋，英国殖民官吏布洛克狼狈跳河，差点儿丧命。最后起义因众寡悬殊而失败，1500 多名华侨被屠杀。1875 年爆发的霹雳起义，马来亚各地华侨矿工也纷纷起而响应，沉重地打击了英国殖民统治者。

在越南，太平天国起义失败后，刘永福率领的一支广西农民起义军"黑旗军"转移到越南边境，后应越南政府的请求，与当地军民共同抗击法国侵略军。1873 年和 1882 年，法国殖民军队两次侵占河内，均遭到黑旗军的沉重打击，法军大败，侵略军司令被击毙。直到 19 世纪末 20 世纪初，留居越南的黑旗军战士，还积极配合越南民族英雄黄花探的农民游击队，共同抗击法国侵略者。

哈瓦那广场的独立纪念碑

19 世纪下半叶，在古巴爆发了两次反对西班牙殖民统治的民族解放战争，即 1868～1878 年为推翻万恶的黑人奴隶制度和契约苦工制度的第一次解放战争、1895～1898 年推翻西班牙殖民统治的第二次民族解放战争。有的史书把这两次战争称为古巴 30 年解放战争。在两次古巴民族解放战争中，侨居古巴的众多华侨立下了不朽的功勋。领导过独立战争的古巴将军贡萨洛·德奎沙达目睹了华侨在战争中的英勇无畏，以其亲身经历写下了一部题为《中国人与古巴独立》的著作，书中详细记载了"在古巴争取民族独立的悲壮战争中，华人像猛兽一样在战场上搏斗"的历史事实，高度评价了华侨们的功劳。在这部著作的结尾，作者满腔激情地写道："在战争中，中国奴隶、白人奴隶和黑人奴隶，都以他们的鲜血，来争取古巴的自由平等。假若将来我们能够为中国人树碑，让我们镌上下面两句话来颂扬他们的恩义吧：在古巴的中国人，没有一个是逃兵，没有一个是叛徒。"

古巴革命胜利后，古巴各界人民为了纪念在 30 年解放战争中壮烈牺牲的华侨战士，专门在首都哈瓦那建立了一座两丈多高的圆形纪念碑，纪念碑的碑身用一块高大的花岗岩琢成，底座上嵌有一块铜牌，上面铭刻着："在古巴的独立战争中，没有一个中国人是叛徒，也没有一个中国人是逃兵。"这正是贡萨洛将军著作中早就拟好的碑文。

自 18 世纪末开始到 19 世纪的很长一段时间里，古巴一直是一个以"糖和奴隶"闻名的殖民地。19 世纪 60 年代，古巴靠着从非洲运进的 60 万黑奴和从中国输入的十几万华工的血汗，生产着世界 30% 以上的蔗糖。西班牙殖民统治者和古巴奴隶主阶级对黑奴和华工血腥统治和残酷剥削，不断激起黑奴和华工求解放、争自由的斗争。同时，由于古巴经济的长期发展，也逐渐形成了一个强大的、要求摆脱西班牙限制和歧视的土生白人贵族阶级。随着社会各种矛盾日加尖锐，终于爆发了一场大规模的摆脱西班牙殖民统治、废除奴隶制的民族解放战争。

1868 年 10 月 10 日，在古巴东部的奥连特省曼萨尼略地区的德马哈瓜糖厂，在著名律师、土生白人地主塞斯佩德斯的发动领导下，爆发了反对西班牙殖民统治的武装起义，提出了"自由古巴万岁"的口号，揭开了古巴历史上十年解放战争（即 30 年战争的第一阶段）的序幕。由于起义的宣言和口号符合黑奴和华工的愿望，因此，起义发生后，当地的华工首先响应。其中一位叫王森的华侨中医在参加起义的华工中很有影响。接着奥连特省其他地方的华工也奋起响应参加起义军。起义的烈火迅速延燃到卡马圭省、拉斯维利亚省、马坦萨斯省等，这些省的许多华工也纷纷响应。据不完全统计，整个十年解放战争期间，参加起义的华侨至少有几千人。

参加古巴十年解放战争的华侨不畏艰苦，不畏强暴，不怕牺牲，英勇顽强，涌现出许多英雄人物。如上校谢安在十年战争一爆发即弃商从戎，一直致力于招募华兵的工作，是一位老资格的华人起义者。1870 年 1 月 1 日，在有名的米纳斯德圭马罗战役中，他率一支约由 400 名华人组成的北方营"奋勇迎战，枪弹垂尽，继以肉搏，卒能大败强敌"，为这次战役的胜利立下战功。上尉王森是最早参加起义的华侨，参加了许多著名战役，成为一位起义将军的得力助手，每战身先士卒，勇猛杀敌，成为古巴爱国军人的典范。上尉何塞宽是拉斯维利亚斯起义军的英雄，在同西班牙军队作战中，以勇敢著称，多次立功。上尉兰傅金早年参加过太平天国起义，起义失败后作为华工流亡到古巴，后参加十年战争，凭着自己原来的作战经验和指挥才能，率领一支由 500 名华侨组成的部队打了许多漂亮仗，屡建奇功。尤其在拉斯瓜西玛斯战役中，他所在的古巴起义军只有 1300 人，击溃了有 3000 多人的武器精良的西班牙军队，毙伤 1000 多人。起义军撤退时，他率所部打掩护，顽强阻击敌人的冲锋，出色地完成了任务，成为此次战役的著名英雄。

华侨在战场上是英雄，在敌人的刑场上是豪杰！华人中尉坦克雷多在一次战斗中受重伤被俘。一位西班牙军官轻蔑地说："此乃一中国孬种。"坦克雷多听到这句话，不顾伤痛，猛地站起来，从贴身衣兜里掏出唯一贵重而值得骄傲的古巴军官证，双目圆睁，直视敌人，怒吼道："我决不是什么中国孬种，不！我是古巴解放军的一位中尉！要杀就杀吧！"其气概之威严，使敌人目瞪口呆。还有华侨勇士胡安·阿内拉依被敌人逮捕，敌人把他绑在一棵大树上，用棍棒将他打得鲜血淋漓，但他嘴里不停地冒着泡沫，只是反反复复地高喊着一句话："自由古巴万岁！""自由古巴万

53

岁!"一直到气绝身亡。

十年解放战争十分艰难困苦，西班牙不断运来大批殖民军队，最后增加到 25 万人，差不多占古巴总人口的 1/4。起义军内部发生分裂，加之敌人分化收买，起义军领导中的动摇分子在 1878 年 2 月 10 日最终与西班牙军队司令签订带有妥协性的《桑洪协定》，十年战争基本结束。

《桑洪协定》虽然迫使西班牙宣布参加解放战争的黑奴和华工享有自由，但没有使其放弃对古巴的殖民统治。华侨参加的各地小股起义仍然此起彼伏，而且这种民族矛盾仍在不断地激化，最终又导致了由何塞·马蒂领导的古巴第二次解放战争。

1895 年 2 月 24 日，在奥连特省首先爆发了古巴第二次解放战争。战争刚一爆发，各地的华工、华商及其他各阶层华侨纷纷起来响应，其规模之大，范围之广，远远超过第一次解放战争。起义很快席卷古巴全岛六省，每个省都有大批华侨参加起义军，每个起义军军团都有不少华侨。

在古巴第二次解放战争中，所有军团的华侨官兵都忠于职守，不怕牺牲，立下赫赫战功。

马塞奥将军近卫营中的华侨士兵在马塞奥领导的历时 3 个月、行程 2000 多公里的著名"突进战役"中，始终不离将军左右出色地完成了战斗任务。在哈瓦那省起义军同西班牙"皮萨诺"骑兵队展开的拉玛利亚纳激战中，华侨英雄维克托·阿罗查冲锋陷阵，无所畏惧。当他看到起义军首领阿道弗·卡斯蒂略和一个身材魁梧、凶猛的西班牙上尉遭遇格斗，处境危急时，立刻挺身而出，奋勇地打退敌人，解救了自己的首领。不久，阿罗查孤身一人与一支西班牙军遭遇，敌人厉声喝令他投降，只见他毫无畏惧，策马飞奔，一面向敌人射击，一面用讥讽的口气大声回答道："逮得着，你逮吧；逮不着，滚蛋！"敌人就是逮不着他，眼看他远去。几个月后，他不幸在一次战斗中负重伤，失去了一条腿。后来，他又中了敌人的埋伏，英勇牺牲。阿罗查是一位华侨孤胆英雄。1896 年在拉斯维利亚斯省内展开的几次激烈战斗中，由两支华侨部队组成的起义联队，英勇善战，果敢顽强，屡建战功，有力地配合了大部队作战。

还有许多没有上前线的华侨，纷纷以捐款献物等形式援助起义军。华商胡德、潘武等有"资金数万，概为古巴革命资助殆尽"。贫苦华侨尼卡奥西多次为起义军冒险深入敌巢，机智勇敢地完成任务。后来他在执行一次任务时，为敌人发现，壮烈牺牲在一座小茅屋里。

华侨和古巴人民一道不屈不挠地进行反对西班牙殖民统治的斗争，为古巴的民族解放事业作出了杰出的贡献。古巴人民对于参加古巴民族解放战争的华侨怀有深深的敬意，并给予了崇高的荣誉。参加过两次独立战争、功勋卓著的华侨何塞·托隆上尉和何塞布上尉，在古巴独立后，根据宪法的规定享有古巴共和国总统候选人的权利。古巴人民 1959 年在哈瓦那广场上为参加独立战争而献身的华侨烈士树碑纪念。

华侨是古巴人民反对殖民主义统治、争取民族独立的功臣！

 ## 列宁身边的华侨卫兵

据有的学者统计，俄国十月革命和国内战争时期，直接拿起武器为创建和保卫苏维埃政权而战斗的旅俄华工总数在 15 万～20 万人之间。可见华侨是参加十月革命和保卫革命成果的一支雄师劲旅，为创立和捍卫世界上第一个社会主义国家作出了重大的贡献。

在近代涌现的华人出国潮的后一阶段，也有一大批华人踏上沙皇俄国的土地。1906～1910 年间，从中国各地流落到俄国远东地区的就有将近 50 万人，他们有些在海参崴、伯力等地做工或做小买卖，有些人在西伯利亚金矿淘金。第一次世界大战爆发后，沙俄政府又派人到中国东北大规模招募劳工，据统计，从 1915 年秋到 1917 年，有将近 8 万中国人被以各种手段诱骗到俄国。他们或者在前线挖战壕，或者在北方修筑摩尔曼斯克军用铁路，或者在乌拉尔和顿巴斯矿区采煤，或者在白俄罗斯森林里伐木，或者在彼得堡、莫斯科、基辅等城市工厂里做工。

旅俄华工在沙皇统治时期处于"民族监狱"的最底层，是帝国主义战争的牺牲品，所受剥削和压迫最深重。所以当俄国革命爆发时，他们又首先成为沙皇的"送葬者"之一，成为列宁领导的布尔什维克党的忠诚战士或坚定跟随者。

早在 1917 年布尔什维克党领导推翻沙皇统治的二月革命时，就有不少华工参加了革命队伍。随后许多城市的大批华工又参加了列宁领导的推翻资产阶级临时政府的震撼世界的十月革命。

彼得格勒是十月革命的摇篮，是苏维埃政权的诞生地。十月革命爆发前，这个城市约有 5000 名华工，他们在列宁的无产阶级革命思想的影响下，成为数十万旅俄华工中最先觉悟、最富于革命精神的一部分。在十月革命的日子里，他们积极参加工人赤卫队。在彼得格勒市的档案文献中，一串串俄文记载着无数华工赤卫队员的名字。其中在造船厂做工的刘辰福、冯扎瓦等人首批报名参加工人赤卫队并光荣地参加了攻打冬宫的历史性战斗。

阿芙乐尔号巡洋舰的炮声载着十月革命的喜讯传遍俄国大地，各大城市的工人赤卫队纷纷行动起来响应，各路赤卫队中多有大批华工。仇山旺、佟立方、刘宝山等华工参加了莫斯科工人赤卫队；明斯克地区的一个伐木厂有 1000 多名华工，听说附近的巴赫马成立了工人赤卫队，他们全体赶往参加，其中的一部分被派往高加索；当十月革命的消息传到遥远的喀林柯维契车站附近的伐木厂时，管理处的俄国人慌忙逃跑，在布尔什维克党的帮助下，伐木厂的 2000 多华工全部报名参加赤卫队，后来又被改编为红军；在俄国南部的顿巴斯矿区，其中高尔尼茨克矿井共有 150 名华工，有 100 多人参加了红军，留下的均参加工人赤卫队保卫矿山；在敖得萨工人赤卫队中，齐杨戚和许多华工组织了华人独立支队。

旅俄华工不但参加著名的十月革命，而且还有不少人在革命斗争的洗礼中参加了布尔什维克党，成为布尔什维克党的优秀干部，并有不少人为此英勇献身。

俄国十月革命取得胜利，在世界上建立了第一个社会主义国家，引起了各帝国主义国家的极端恐惧，它们或直接出兵干涉，或策动国内武装叛乱，妄图把新生的革命政权扼杀在摇篮里。以列宁为首的布尔什维克党立即投入保卫革命政权的艰难斗争。有许多华侨为保卫新生的苏维埃政权作出了自己的贡献。

1918年春天，德国干涉军和乌克兰反动武装从乌克兰向克里米亚半岛进攻，企图切断这里的供应线，再推翻这里的革命政权。守卫岛上的红军人少，装备差。危急时刻，一支约有300人的中国志愿队伍被派到这里支援。他们与守岛红军一道，一次又一次地打退敌军的疯狂进攻，尽管付出了惨重的代价，但最终还是将敌人击退，守住了该岛。打扫战场时，人们在一个敌方军官尸体的衣袋里看到一封尚未发出的信，其中写道："今天的战斗实在可怕极了：我们碰上了一整队的中国人，他们打起仗来简直和魔鬼一样。子弹和军刀他们都不在乎，只是一味地向前冲。"这几句话充分说明华侨红军战士的勇敢顽强，使敌人心惊胆寒。

1919年初，在国外帝国主义的支持下，邓尼金反革命军队向北高加索大举进攻，敌军围困了城市，与守城红军展开激战。当时红军中的中国支队与军校学生一起接受了守卫一条重要公路的战斗任务。他们打退了敌人的轮番进攻,誓与交通线共存亡,保证了大队红军的安全转移,他们才撤退下来。由于敌众我寡,撤退的唯一路线是里海沿岸的荒原,中国支队又参加了艰难的掩护任务。天气严寒,缺粮断水,弹药不足,缺医少药,中国支队同大批追击的敌人进行后卫战,伤亡惨重,完成任务时,损失了40%。红军指挥员基洛夫亲自接见中国战士,嘉奖他们。

在中国志愿红军战士中,有不少人很幸运地见过革命导师列宁。1918年初,守卫在彼得格勒革命大本营斯莫尔尼宫的赤卫队中就有70名中国战士。其中李福卿所带的一个班就是负责守卫列宁所在的办公楼。他们能经常见到日理万机、领导革命和指挥保卫新生革命政权的列宁。

在一个少有的酷寒的日子里,朔风夹着雪片在空中狂舞。李福卿和其他三名中国战士坚守在自己的哨位上。当列宁走到大楼的入口处,看到在严寒的天气里仍坚守岗位的哨兵时,突然停下脚步,心疼地摇着头说:"这么冷的天气,你们站在风口里。快,快到走廊里去暖和暖和,那儿有烟道……""不,不,列宁同志……"中国战士不知所措地嗫嚅着,他们不能离开自己的岗位。但在列宁的坚持下,他们只好到走廊去躲了一会儿。在暖融融的烟道旁边,暖和过来的不仅是他们的躯体,更有一股暖流潺潺地流过他们的心田。

列宁不分昼夜地为革命操劳,来去匆匆,很少有闲暇时间与警卫谈话聊天，但也偶有例外。有一次，列宁和李福卿等几个中国战士拉起了家常，他关心地问道："怎么样？在这儿一切都还习惯吗？伙食怎么样？住处怎么样？"

"生活得蛮不错，伙食也可以。"李福卿代表大家回答。

"比我们原来过的日子好多了。"一位叫王财的战士也抢着回答说。

列宁接着说："是呀，比过去是好了点，但是还远远不够……"

交谈时，列宁发现李福卿俄语讲得不错，就鼓励他再加把劲把俄语学过关。他还向中国战士学了几句汉语，如"你好"、"吃饭"等，并把这些词记在自己的小本子上。以后，每当他遇上中国卫兵时，一定要大声地用中文说："你好，你好！"

同列宁交往过的每位中国战士都留下了难以忘怀的美好回忆。他们把自己亲身经历过的故事，一传十、十传百地传播开来，使每个听到这些故事的人，都仿佛看到了革命导师在斯莫尔尼宫前与不远万里前来参加俄国革命的普通中国战士，在风雪交加的天气里亲切交谈的情景。

 执干戈保卫第二故乡

祖国，是华侨的第一故乡；侨居地，是华侨的第二故乡。华侨与祖国的命运息息相关，与侨居地的生活打成一片。祖国遭到浩劫，华侨共赴国难；侨居地遇到侵略，他们奋起执干戈保卫第二故乡。

　　1941年12月，太平洋战争爆发，日本大举进攻东南亚。当地英美殖民军队在日军的大举进攻面前，犹如秋风落叶，纷纷溃败或缴械投降。华侨和当地人民一道不畏强暴，展开了长期的英勇的艰难的反侵略的抵抗斗争。

　　日军逼近新加坡时，当地著名侨领陈嘉庚领导成立了星洲华侨抗敌动员总会，带领华侨进行各种抗敌准备工作。该会下属的民众武装部，华侨林江石等人发起成立了由1300多名华侨组成的星洲华侨义勇军（简称星华义勇军或义军）。起初英国殖民军官看不起他们，只是发给他们一些简陋的土枪土刀。1942年2月6日，日军强行登陆新加坡，第一线的英军连吃败仗，纷纷溃退。第二线的星华义勇军奋勇向前，在各处先后与日军展开七次血战，多次打退日军的登陆，双方伤亡惨重。日军被打退后，集中许多橡皮艇、木制小汽艇再次强行登陆，气焰嚣张。义勇军急中生智，将附近英军遗弃的两个汽油库的汽油倒入海中，顿时在海面上燃起熊熊大火，30多艘敌艇全部被焚毁，艇上的日军大部丧生，沉重地打击了登陆日军。接着义勇军又与日军打了几次硬仗。多次顽强的阻击战，使日军产生一种错觉，误认为义勇军为中国正规军便衣队，以致延缓了日军的登陆时间，后来才弄清楚是当地的一支华侨队伍。当然，虽然义勇军英勇作战，但他们人少武器简陋，缺乏训练，难以挽救整个新加坡的命运。2月15日，防守新加坡、马来亚的8万英军全部投降，星华义勇军被迫解散，化整为零，有的在十分恐怖的环境中继续坚持斗争。尤其是义勇军的领导人林江石转入地下抗敌时，不幸被日军搜捕，在敌人监狱里受尽40多天的残酷折磨，始终不屈，临就义时奋笔疾书："奋身投入死阵中，遍体鳞伤碧血红；目睹惨状心已碎，昔年壮志逝如风。"表现了他为保卫侨居地视死如归的英雄气概。义勇军英勇抗敌的壮举，后来使英国军官大大改变对他们的看法，有的甚至泪流满面地表示：当初如重视华侨武装，也许能挽救危局。当然，后悔已经来不及了。

日军侵占东南亚后，开始了血腥恐怖的殖民统治，尤其是对几百万华侨进行惨无人道的疯狂报复。日军大肆劫掠，血腥屠杀，兽性奸淫，遍施酷刑，使华侨尸横遍野，血流成河，惨绝人寰。但日军的血腥屠杀并没有吓倒华侨，他们和当地土著居民在极其恐怖的环境下展开英勇的游击斗争，各地抗敌活动此起彼伏，犹如野火春风。

马来亚沦陷后，马来亚共产党号召人民组织敌后游击战争，得到当地华侨和各族人民的响应，随即成立了马来亚人民抗日军（简称民抗军）。这支队伍由马来亚人民抗日同盟会领导，由当地各族抗日分子组成，但其中华侨占大多数，不少人就是前星华义勇军的成员，它"本质上是华人的武力"。民抗军人数不多，粮药奇缺，武器陈旧，疾病传染，长年在蚊蝇遍地的野林中与日军周旋作战，运用"化整为零"和"化零为整"的巧妙游击战术打击敌人，使敌人顾此失彼。雪兰莪北乌鲁音地区一仗，民抗军击毙击伤日军300多人；民抗军的第四独立队在柔佛州的泗色路和才成山的两次伏击战各歼敌百余人；身陷吉隆坡半山芭大狱的106位民抗军战士悲壮的越狱斗争震撼全马来亚；在转战各地的艰苦的斗争中，民抗军还收容了不肯投降的英军官兵70多人；大反攻时，他们积极配合盟军登陆马来亚。

马来亚人民抗日军与日军转战三年半，一直坚持战斗到日本投降。他们由小到大，由弱到强，由最初的4个独立队165人，最后发展到8个独立队7000多人。与敌大小战斗共340多次，其中200多次是主动进攻敌人，共毙伤日军5000多人。民抗军牺牲或病死1000多人。民抗军是威震马来亚的一支有影响的抗日武装，他们用生命和鲜血谱写了马来亚反法西斯斗争的光辉历史。这是马来亚人民和新马华侨的光荣，是中华民族的光荣。

在马来亚进行抗日斗争的还有由华侨林谋盛领导的一三六部队。这支部队是经中英两国协商，将因海上交通断绝滞留在印度的2000多名中国海员进行专门训练后，为潜入马来亚敌后抗敌而组成的。一三六部队人员精干，智勇兼备，在当地有力地打击了日军。其领导人林谋盛后来不幸被捕，受尽毒刑而牺牲，后被中国政府追授少将军衔，新加坡政府也为其树碑纪念。同时在马来亚开展抗日斗争的还有华侨林志民、王成劲领导的一五七部队。

印度尼西亚被日军占领后，也出现了多支华侨抗日武装，较著名的有郭益南领导的亚庇神山抗日游击队。这支队伍牺牲壮烈，郭益南和许多队员均遭敌人残杀。在爪哇有"抗日民族解放大同盟"，苏门答腊的棉兰有"苏东反法西斯同盟"，婆罗洲有"西婆罗洲反日同盟会"等。

活跃在菲律宾的华侨抗日武装有菲律宾民主战地血干团、战时华侨青年特别工作总队、华侨抗日反奸大同盟、华侨青年义勇军、迫击三九九团、抗日锄奸义勇军、菲律宾华侨抗日支队等。这些抗日武装神出鬼没，打得日军蒙头转向。其中最有影响的是菲律宾华侨抗日游击支队（简称华支）。

华支刚成立时只有 52 人，长短土枪 7 支。但这支队伍纪律严明，深得当地人民的拥护；作战勇敢，有一整套成熟的游击战略战术，使自己不断发展壮大。1943 年的干仑巴之战，是华支与敌进行的第一次战斗，毙伤敌人 30 多人，自己没有伤亡；后来圣胡连村之战歼敌七八十人。1943 年夏，华支由中吕宋转战到南吕宋，急行军 26 天，跨高山，涉大河，经过 6 省 36 个城镇，有 2/3 的队员没有鞋穿。他们吃野果，睡露天，斗水蛭，水中裸体行军，写下了华支战斗史上最艰苦动人的一页。在美军反攻菲律宾时，华支给予有力配合，为收复菲律宾立下了赫赫战功，受到登陆的美国军官的高度赞扬。

华侨在反击日本侵略者保卫侨居地的斗争中，与当地人民结下了深厚的友谊。华支老队员、菲律宾人民的儿子蔡天送，是一个优秀的机枪手。他参加华支初期，住在一户菲律宾农民的家里。他为人正直、战斗勇敢，为保卫菲律宾人民的生命财产而忘我献身的精神，使这家农民非常感动，老两口的独生女儿爱上了天送，并送他一枚金戒指作为订婚礼物，双方约好在打败日本侵略者后结婚。每当华支来到这个村庄或附近的地方，老头子就到部队找"儿子"，让他回家看看，让一对有情人见见面，母女二人为天送做些好吃的东西，吃完后一家人再欢欢喜喜地把他送回部队，他们一家和华支亲同骨肉。但在菲律宾解放前夕，蔡天送不幸在一次战斗中壮烈牺牲，这家农民得知自己的"儿子"在战斗中牺牲的消息后，悲痛欲绝。在反侵略的斗争中，华侨把自己的心同侨居地人民的心连在一起了，用鲜血和泪水凝成了深厚的友谊。

华支与日本侵略者战斗三年半，由52人发展到700多人，转战吕宋岛4省和马尼拉市，与敌大小战斗共260多次，其中著名战斗12次，歼敌2020人，缴获各种武器940多支，华支官兵牺牲110多人。

从菲律宾解放到现在，华支联谊会（由一些华支老队员组成的民间组织）每当有什么纪念活动，都得到菲律宾政府上至总统下至一般民众的参加或支持。这是菲律宾人民给予他们的荣誉。华侨反对殖民统治、反对外族敌人侵略、争取侨居地民族解放的丰功伟绩永垂青史！

四　拳拳赤子心　悠悠报国志

 为祖国争光的张弼士

　　广大华侨的老辈都是下层贫苦的劳动人民，他们起初在海外一般都是生活穷困、白手起家的。但因具有中华民族勤劳勇敢艰苦创业的特点，有吃苦耐劳的奋斗精神，并接受国外的先进技术和经营方式，在艰苦的困境中奋进，在各种激烈的竞争中拼搏，有部分华侨崛起，形成华侨资产阶级。又由于华侨当初无能力把家庭全部迁居到国外，以致形成大多数华侨家庭一半在国外、一半在国内的状况。这种特殊情况的存在，就使华侨同国内家庭保持密切的经济联系：一方面汇款回家，维持家庭生活而形成侨汇；另一方面华侨在国外赚了钱后，即把部分资金投向国内，造福桑梓。这是华侨与国内、与家庭经济联系和爱国的一种表现。

　　一般认为，1872 年南洋华侨陈启沅（有称陈启源）投资数万银元，在广东南海创办机器缫丝厂，揭开了近代华侨投资国内工业的序幕。此后有美洲华侨黄秉常于 1890 年投资 10 万元在广州创办电灯公司，同年菲律宾华侨廖芬记在厦门投资开办茂发茶叶行，1894 年印尼华侨张弼士在山东烟台投资创办张裕酿酒公司等。这些是近代华侨在国内较早的一些投资。在这些国内侨资企业中，要属张裕酿酒公司经营最出色、名气最大并为祖国争了光。

张弼士早年依靠同乡关系，在荷属东印度的巴达维亚（今印尼的雅加达）一家华侨纸行当杂工。他勤奋工作，工余努力学习当地语言文字，并留心考察当地的商业买卖。后来稍有积蓄，自己开了一家酒店，接着结交荷印官员承包了当地的鸦片烟税，垄断了鸦片烟买卖，发了一大笔财。随后创办裕和垦殖公司，并与手下职工张耀轩在日里合办笠旺垦殖公司，获得巨大成功，成为南洋华侨垦殖业的著名先驱之一。为了解决货物运输问题，张弼士先后在槟榔屿、吧城、亚齐创办轮船公司。其中吧城的裕昌远洋航运公司的创办，是因为有一次他和随员由吧城到新加坡办理商务，德国邮船公司歧视华人，不卖他上等官舱船票，只卖统舱船票，他愤而下决心自己创办轮船公司，并发誓"以后我的商船，一律不给德国佬卖票"。从此，华侨创办的第一批远洋轮船，飘扬着中国的国旗游弋于南洋各地，专与德国邮船公司对抗。最终迫使德国邮船公司不得不取消了歧视华人的规定。

张弼士在南洋成为富豪后，不忘祖国，积极向国内投资，1894 年他投资 300 万元，在山东烟台购地创办张裕酿酒公司。说起张弼士创办的张裕酿酒公司，还有一段故事。有一次他出席法国驻巴达维亚领事举行的宴会，因开怀痛饮法国葡萄酒，头痛不已。法国领事得知后对他说："若能用贵国北方烟台所产的葡萄酿造，即使喝得酩酊大醉，也会十分舒畅。"法国领事的一席谈，萌发了张弼士日后在烟台建立酒厂的念头。

1892 年，张弼士应清廷督办铁路大臣盛宣怀的邀请去烟台商办路矿事宜，顺便考察了烟台的气候、土壤、水质等情况，认为这里的确是葡萄生长的理想场所。经过考察研究，两年后，他出巨资购地千余亩，开辟葡萄种植园 5 处，建立了规模宏大的厂房。为了确保生产出第一流的葡萄酒，与外国名酒一比高低，他不惜重金从欧美引进 25 万株优良种苗，购进先进的压榨机、蒸馏机、贮酒器等机械设备。他还先后聘请了 5 位西方酿酒技师，不断改进和提高酿酒技术。经过 10 余年的苦心经营，张裕酒厂已能生产出浓郁芳香、酒质醇厚，又具独特美味的葡萄酒。这些酒品种繁多，达 20 余种，其中以"可雅白兰地"、"琼瑶浆"（后改为美味思）和"解百纳"（后改为玫瑰香）最为驰名，与贵州茅台酒等并列为中国八大名酒。为了在洋酒充斥的中国和国际市场占有一席之地，张弼士十分重视在宣传产品上下工夫。他在车站码头竖立巨幅广告牌，还免费赠送印刷精美的图文并茂的宣传小册子。经过广泛宣传，张裕酒很快行销南洋和美洲各地。1912 年 8 月 21 日，孙中山莅临烟台，在商会欢迎会上发表演说，大力称赞张弼士"以一人之力，而能成此伟业，可谓中国制造业之进步"，并亲自到张裕公司参观，品尝了张裕名酒，畅谈一个小时，亲笔题赠"品重醴泉"四个大字，以此嘉勉。

1915 年，张弼士率中国实业考察团前往美国参加在旧金山举行的巴拿马万国博览会。张裕公司酿造的"可雅白兰地"在与众多国外上等名酒的竞争中，脱颖而出，荣获金牌奖章和最优质奖状。这是中国商品在国际上第一次获得的最高荣誉。为了庆祝和纪念这一盛事，张弼士将"可雅白兰地"改名为"金奖白兰地"，并在商标上嵌印了获奖奖状。

据初步统计，从 1894 年投资创办张裕酿酒公司起，到 1912 年在上海创办康年人寿保险公司止，张弼士先后在国内创办了 17 家企业，为清末民初华侨投资国内创办企业最多的华侨资本家，带动了其他华侨回国投资的热情。其中雷州机械火犁垦牧公司以拖拉机耕种，此种拖拉机为中国最早引进的农业机械。1915 年 4 月，张和上海资本家聂其杰等发起组织赴美实业考察团，并担任考察团团长，考察访问了纽约、华盛顿、芝加哥等大城市，受到美国总统威尔逊的接见。

张弼士积极向国内投资，办企业，为振兴我国民族工业作出了重要贡献，堪称近代爱国华侨回国投资的先驱者之一。然而在当时的社会制度下，他想在国内充分发展民族资本却是不可能的。他回国创办的许多企业，除张裕酿酒公司获得一些利润外，其余均成效不佳。

携资回国修筑铁路的张煜南
兄弟与陈宜禧

对于一个国家来说，铁路犹如人体的血管，考察一个国家是否先进或交通发达与否首先要看铁路。但令人遗憾的是到 20 世纪以前，自封为天朝大国的中国竟然没有一条铁路。作为中华大国的子民，有的几代人在海外给人家修筑铁路，而看到自己的祖国却没有一条铁路心里委实感到不安。于是在清末民初，华侨兴起了一股回国投资建铁路的浪潮。其中最突出的是印尼华侨张煜南兄弟和美国华侨陈宜禧。

张煜南、张鸿南兄弟是印度尼西亚的华侨富商，因倡办我国近代第一条商营地方铁路而著称于世。1904 年张氏兄弟投资修建的潮汕铁路，是利用华侨资金并引进日本技术设备兴建的最早侨办铁路。张氏昆仲早年在南洋华侨富商张弼士门下任职，有些积蓄后便自立门户，靠在棉兰日里开辟种植园起家。因开发当地有功，先后被荷兰殖民政府委任以甲必丹、码腰等管理华人的职务。后又承包当地的烟、酒、赌税等，并向房地产建筑业投资，成为当地巨富。但张氏兄弟发家致富，并未忘记祖国家乡。1898 年张弼士被清政府委派为佛山铁路总办时，邀张氏兄弟回国，共同筹建潮汕铁路。张氏兄弟之所以要下决心修建潮汕铁路，是因为家乡交通落后，经济不发达，认为欧人整治地方，交通建设无不先行，祖国风气闭塞，道路不畅，国计民生，皆受影响。"开辟铁路"，"上能裕国，下足利民"。

潮汕铁路酝酿创办之初，拟定资本 100 万两。但铁路建成后，实际资本大大超出，其中张氏昆仲出资占总数 2/3。潮汕铁路于 1903 年开始筹备，第二年 9 月着手动工修建，到 1906 年 10 月全部干线完工，同年 11 月 16 日正式通车，历时两年多。修建期间并不顺利，因路线穿过人烟稠密地区，需要征用民田，拆毁许多民房，引起当地群众反对。在一起纠纷中，一名日本工头被打死，结果由铁路公司赔偿抚恤金 10 多万元。潮汕铁路南起汕头，北到潮州，途经庵埠、华美、彩塘、鹳巢、浮洋、乌洋、枫溪 7 站，全长 39 公里。1908 年又延长至意溪，全长 42 公里。该路客货两用，以客运为主。

潮汕铁路建成后，营业收支大体相等，间有盈余或亏损。但到民国以后，南北军阀混战，粤东战事频繁，铁路为军运蒙受重大损失。抗日战争爆发后，铁路被日军炸毁，接着日军铁蹄踏入潮汕，铁路损失殆尽，改为公路。

潮汕铁路存在时间虽然较短，但对发展粤东经济，推动华侨回国投资都起了一定的作用。正如一位香港学者所说："在清代末期，如果没有张煜南的首创精神，华侨对中国铁路建设大规模投资不可能出现。1904 年到 1905 年潮汕铁路的修建，是对华侨投资者作出的一个榜样。"

在张煜南兄弟创办潮汕铁路不久，美国华侨陈宜禧又创办了新宁铁路，是为近代华侨回国投资创办的第二条铁路。

陈宜禧，广东台山县（清末称新宁县）人，幼年失去双亲被他人收养，生活非常艰难，16 岁时随乡人流亡到美国西雅图。起初跟人去淘金，但因年少体弱，干不了淘金的重体力劳动，后被介绍到一个美国铁路工程师家当勤务工。他为人诚实，勤奋好学，得到工程师夫妇的赏识，指点他学些铁路技术，并允许他到教会学校学英文。1865 年，美国修筑太平洋铁路，陈宜禧被招为筑路工，因他懂一些铁路知识，工作出色，办事认真，在铁路工程师的推荐下，由工人晋升为管工，两年后被提拔为工程师的助手。他有些积蓄后，在西雅图定居，从事商业和劳工经纪业务。曾参加过反对美国排华等爱国活动。

20 世纪初，外国列强掀起了一场争夺中国铁路的狂潮。为了维护祖国的铁路权益，从 1903 年起，全国各地争回路权的斗争此起彼伏。在此背景下，胸怀爱国心的陈宜禧 1904 年从美国返回台山，他抱着"振兴中华"、"实业救国"的愿望，准备在国内开办纺织厂。但在当时争回路权运动的影响下，又鉴于家乡广东交通落后，且自己掌握筑路技术，陈宜禧遂改变原来的计划，准备自办铁路。决心下定后，他不顾自己 60 高龄，风尘仆仆地奔赴台山各地进行实地勘测、调查，邀请地方绅商讨论，提出修筑新宁铁路的倡议，并主张不招洋股，不借外债，全靠自力更生。这个倡议得到多数地方绅商和乡亲们的赞同。同年 9 月，陈宜禧带着修建新宁铁路的计划前往香港活动，争取旅港台山同乡的支持，并组建新宁铁路公司。1905 年初，陈宜禧呈禀清廷商部，请核定立案。紧接着他又前往美国，在华侨中开展集股活动，并在旧金山向台山籍侨胞发表演说，鼓动支持他在家乡修建铁路，"振兴利权"；继之游历纽约等地，发动侨胞投资筑路。同时还派人到加拿大、澳大利亚、新加坡、香港各地，发动集股活动。经过他四处奔波，不懈努力，到同年底，新宁铁路公司集得股银 270 多万元，筹款取得初步成功。

但是，陈宜禧修筑铁路申请立案及动手修建的过程中，遇到了许多波折。1905 年 4 月，陈宜禧把修建新宁铁路的计划具文呈禀新宁知县陈益，请他转禀商部立案。不料陈益采取偷梁换柱的手法，背地里另行拟定一份由"县官倡办"的章程上报，企图把筹办铁路大权揽为己有。因所拟章程"简略殊甚"，被两广总督岑春煊否定。立案没有结果，同年 11 月，新宁铁路公司筹备处在台城召开大会，讨论重新修订各种章程，宣告新宁铁路公司正式成立，陈宜禧担任公司总工程师。1906 年 5 月新宁铁路破土动工后，又遇到地方封建势力和宗派观念的严重阻挠，一些封建宗族头人煽动说什么修筑铁路"破坏风水"，"火车行过五谷不生"等等，挑动村民聚众闹事。筑路期间，"动辄负隅以相抗者，前后不下数十处"。每遇闹事，陈宜禧总是亲自到现场，耐心解释，力求妥善解决，解释不通者，他只好另测路径绕道而行。新宁铁路修成后，弯道甚多（达 39 处），就是这种原因造成的。可见陈宜禧为修建新宁铁路遇到了许多困难，历尽了艰辛。

新宁铁路工程分三期修建，从 1906 年 5 月开始动工，到 1920 年全线建成，前后历时 14 年，招集股本 3658595 港元，投资 800 万港元，建成铁路 137 公里，车站 46 个，桥梁 215 座，涵洞 236 个，并先后建成公益码头、北街码头、公益机器厂、牛湾船坞、新宁宁城印刷厂等一大批工程。台山人民为表彰陈宜禧修建新宁铁路的功勋，于 1920 年 3 月 20 日台山至白沙铁路建成通车那天，在台城火车站前为陈宜禧铸铜像，以纪其功。在本人未逝之前，为其铸铜像，这在我国还是少有的。在当时的社会条件下，陈宜禧不屈不挠，以顽强的爱国精神，建成这样一条商办铁路，确非一件易事，他能获此殊荣，是当之无愧的。

新宁铁路兼营客货运输业务，以客运为主。同潮汕铁路的命运一样，在当时的社会条件下，军阀混战，地方不靖，官吏巧取豪夺，新宁铁路负债累累，无法经营得好。陈宜禧为改善这种情况，不惜将在美国的一栋房屋和在台山的 5 间店铺贱价出售，得款 6 万多元填进铁路，仍无济于事。1927 年 2 月广东地方当局以整顿路政为名，强行从陈宜禧手中夺走铁路管理大权。陈年事已高，经不起如此重大打击，精神失常，1929 年 5 月含恨而逝，享年 85 岁。但其自力更生兴建铁路，爱国爱乡的精神将永垂史册。

为祖国航空事业献身的冯如

在中华民族古老而漫长的历史中，科学技术领域曾有过令人羡慕的辉煌时期。但当欧美许多国家步入资本主义社会后，中国仍处在保守、封闭、落后的封建社会，尤其是到了近代，西方列强用大炮强行轰开中国封闭的大门后，中国更加落伍于时代，处于被动挨打的状态。一些长期侨居在发达国家掌握着一些先进科学技术的华侨，对祖国这种落后挨打的状况忧心忡忡，他们决心将自己的一技之长献给祖国，有的便选择了航空救国的道路。一批美国华侨，尤其是我国航空事业的先驱冯如，就是这方面的典型代表。

最早致力于我国航空事业的是澳大利亚华侨革命党人谢缵泰。谢16岁时由悉尼回到香港后，参加了孙中山领导的兴中会及反清起义。1894年，谢缵泰就有研究制造飞艇的想法，1899年他积自己多年的心得绘制了一张飞艇的详细设计图纸，并附有说明书，邮寄给当时英国著名的发明家墨克西。飞艇图纸上写着英文CHINA，即称之为"中国号"。但谢缵泰制造飞艇的想法，由于得不到清政府的支持，以及谢本人从事革命活动等原因，并没有付诸实施。

将航空救国理想真正落实在行动上的是美国芝加哥华侨。1911年春，美国芝加哥华侨同盟会员李绮庵、梅光培等人为了支持孙中山革命，发起捐款购机建立飞机队的活动。孙中山在得知李绮庵等组建飞机队的消息后，于 5 月 31 日写信给李绮庵，信中说："飞船习练一事，为吾党人材中之不可无，其为用自有不能预计之处，不独暗杀已也。兄既有志此道，则宜努力图之。"不久，李绮庵等购得飞机一架，李亲自率领余逵等几名华侨青年练习飞行，教练为美国人威路确市。武昌起义胜利后，芝加哥华侨同盟会便派李绮庵、余逵及美国教练驾驶当时仅有的 3 架飞机回国服务。李绮庵等将 3 架飞机运回国内后，正式组成飞机队，由李任队长，队员有梅乔林、余逵等 10 多人。

南京临时政府成立后，在孙中山的关怀和支持下，在南京辟一地为飞机场，由美国归侨邝灼等担任机场守卫。实际飞机队并无谙熟驾驶技术的飞行员，不能参加战斗，但京沪各报多有报道，"出神入化"。不久南北议和开始，袁世凯即借南方的飞机队向清室施加压力，迫宣统帝退位。担任议和北方代表的唐绍仪就说："机虽无用，亦有大效，盖北京各报曾转载沪电，谓革命军飞机凌空数千尺，威力如何伟大，袁世凯即以之威吓清隆裕太后，隆裕为之动色下泪，其退位之果决，此亦原因之一。"可见革命党的飞机对清廷确实起了威慑作用。

1912 年 2 月，梅光培在美国又购得新式飞机 3 架运回国内。因接收时清帝宣布退位，以为不再用兵，便暂存上海。不久，归侨目睹南北时局恶化，民国前途着实堪忧，遂开会议决不要政府津贴，利用各地华侨的力量扩大飞机队组织，增购飞机，设立飞机学校，培养航空人才，并推李绮庵、梅乔林、郑行果、余遽、陆文辉等为筹办员。随即将该项计划呈报临时大总统孙中山，得到孙中山的批准。孙中山辞职后，此计划成为泡影，飞机队带着在沪、宁的6架飞机返粤，旋被广东政府接收。不久"二次革命"爆发，旋即失败，袁世凯的爪牙龙济光进占广州，劫夺全部飞机，原飞机队组织被迫解散，不少人怀着十分悲痛的心情离开祖国返回侨居地。资产阶级革命的不彻底以至最后失败，使爱国华侨怀有的满腔航空救国抱负未能施展。

以科技振兴祖国而从事航空救国活动的还有美国华侨余焜和。甲午战争中国失败后，割地赔款，面临各帝国主义列强肢解和瓜分的严重危机。余焜和与美国许多华侨青年一样，为民族的前途而担忧，为抵御外侮，选择了航空救国的道路，立志研制飞艇，发展祖国航空事业。1905年11月，清政府派端方、载泽等五大臣到欧美各国考察政治，以为预备立宪作准备。余焜和借此之机，前往求见赴美考察的清政府大臣，呈上制造飞艇方法及发展中国飞艇事业的意见书，希望政府有关部门能采纳他的建议。但清政府的预备立宪是为了缓和矛盾而做做样子，并非真正要施行新政发展实业和科技。余焜和怀有满腔热忱的建议如石沉大海。他久等没有回音，于1907年8月亲自回国，径直向有关衙门力陈发展航空的重要意义，请求批准给予制造飞艇的专利，并准备将在美国的商业收盘，集资回国设厂制造飞艇。但这时清政府已经风雨飘摇，大小官僚腐败钻营，只顾保住自己的乌纱帽，哪有心思听他的什么发展飞艇的计划。余焜和无奈只好带着失望的心情返回美国。1910年初，他在美国研制成一艘小型飞艇并试飞成功，这是中国人制造的第一艘飞艇。从余焜和从事航空救国活动的简单经过，可以看出海外华侨航空救国的满腔爱国激情，但在当时腐败专制的社会条件下，华侨徒有一腔爱国热情，是难以实现自己的报国之志的。

我国近代从事航空救国活动影响最大的是美国华侨冯如。冯如出生于广东恩平，12岁时随一位亲戚到美国旧金山打工，工余刻苦学习。有两件事刺激冯如献身于祖国航空事业：一是1903年美国莱特兄弟发明了世界上第一架飞机并试飞成功；二是1904年在中国东北爆发了日俄争夺中国领土的战争。前者使他振奋，后者令他痛心。经此刺激，冯如决心学航空，他曾激动地说道："是岂足以救国者！吾闻军用利器莫飞机若。誓必身为之倡，成一绝艺，以归飨祖国。苟无成，毋宁死！"寥寥数语，生动地反映出冯如学习航空的目的和决心。

1906年，由于孙中山的革命宣传及刚在日本成立的同盟会的影响，美国华侨的爱国热情日趋高涨。冯如以"壮国体，挽利权"为号召，提出研制飞机的倡议，在华侨中募款1000多美元。翌年9月，冯如召集华侨青年司徒璧如、朱竹泉、朱兆槐等人为助手，在旧金山的奥克兰市创办了广东制造机器厂，开始了研制飞机的活动。他们搜集了大量有关飞机制造的资料和文献，潜心研究，反复试验。但最初的几次努力都失败了，如 1908 年 4 月，他们研制出第一架飞机试飞失败；翌年 2 月，冯如驾着改装后的飞机再次试飞，结果只飞了几丈高就摔下来了。

几次试飞失败后，一些股东们失去了信心，不愿再继续投钱；同时，冯如的父母也来信催他回家相聚。但冯如没有被这些所动摇，他毫不气馁地表示："飞机不成，决不回国。"他和助手们总结了历次失败的原因和教训，并把平日收集的各种飞机图样与自己的设计反复比较研究，对自己的设计方案重新进行了改进。不懈的努力终于换来了成功。1909 年 9 月 21 日，冯如终于驾驶着自己设计制造的飞机在奥克兰上空试飞成功。这次飞行航程为 2640 英尺，高度为 15 英尺，比美国莱特兄弟的飞行纪录好得多。同月 23 日，美国的《加利福尼亚美国人民报》上，以题为《中国人的航空技术超过西方》的文章报道了这次飞行的经过，并高度赞誉中国人的才华。冯如不但为中国人争了光，也为中国航空史揭开了新的一页。

冯如飞行的成功，激发了美国华侨振兴祖国航空事业的热情。在他们的支持下，冯如将原来的广东制造机器厂扩建为广东制造机器公司，冯如任机械师。同时在旧金山华侨中公开招股，在 3 个多月的时间里有 67 名华侨入股，第一期股金为 5875 美元，以后又两次增股，得股金 2000 多美元，公司职员增至 20 多人。为了研制出性能更好、飞行速度更快的新式飞机，冯如更加专心致志地研制。1910 年终于研制成了一架更好的飞机，他再次驾驶新研制的飞机在奥克兰上空试飞数次，均获得成功。由于冯如在航空领域的出色表现，一些美国公司以重金聘请他担任飞机技术教练，但冯如的心早已飞到阔别多年的祖国，谢绝了这些聘请。

1911年4月初，冯如和助手朱竹泉、朱兆槐、司徒璧如等人携带制造飞机的机器和两架自制的飞机回到了祖国，准备一展航空报国之宏图。同年11月广东光复，冯如和他的助手们参加了广东革命军，他被任命为广东革命军飞机长，朱竹泉为飞机次长，朱兆槐、司徒璧如为飞行员。他们本想组成飞机队参加北伐，旋因南北议和，战事停息，未能如愿。为了开通民智，唤起国人对航空事业的重视，经广东革命政府批准，冯如于1912年8月25日在广州市郊的燕塘操场进行飞行表演。当时前来观看的人"塞途"。冯如驾机由燕塘墟凌空而起，观者"鼓掌声不绝"。然而当飞机继续升空翱翔时，因冯如用力过猛，双脚浮动，操作失灵，瞬间飞机急剧坠地，冯如受重伤不治而逝，年仅29岁。弥留之际，冯如心里仍然想着祖国的航空事业，嘱咐身边的助手说："我死了以后，你们不要因此而失去进取之心。要知道，失败是成功的必经之路。"

冯如是近代中国航空事业的开拓者、第一位飞机设计师、飞行师，也是第一个为中国航空事业献身的人。他用短暂的生命照亮了中国航空事业前进的征程。广东各界在冯如殉难处举行了隆重的追悼会。其遗体后来被安葬在广东黄花岗七十二烈士墓的左侧，并建碑以示纪念，碑上刻着"中国始创飞行大家冯如君之墓"；左右两侧刻着"民国第一飞行家冯如君墓志铭"；背后则是民国元年11月26日颁发的临时大总统令，其中批准了陆军部的呈报，要求陆军部和广东都督对冯如"从优照少将阵亡例给恤，并将事实宣付国史馆"。此后孙中山在一次对高校学生进行的三民主义教育的讲演中，专门提到了冯如，把他视作我国航空事业的先驱。

倾资兴学的陈嘉庚

在我国东海之滨，闽南大陆的尽头，有一个被大海环抱的半岛。在绿树环抱、水色天光中，错落有致地点缀着一幢幢挺拔秀丽的楼宇，这些楼宇的顶部依照我国宫殿式建筑盖上琉璃瓦，具有民族特色，壮观美丽。这就是著名的"集美学村"。厦门港的五老峰山脚下，风光秀丽，环境清静，著名的厦门大学就坐落在这里。这两所学校如同两颗闪光的明珠，镶嵌在祖国的东南海疆之上。它们的创始人就是闻名海内外的爱国侨领陈嘉庚。

陈嘉庚是中国近现代史和华侨史上一个集政治、经济、文化教育、社会活动各方面于一身的伟大人物，是一位闻名中外的企业家、教育家、社会活动家和伟大的爱国主义者。他的一生对祖国、对社会的卓越贡献是多方面的，但对社会影响最深和最为人们所称道的是他一生热心教育、倾资办学的高尚精神。

集美是陈嘉庚的家乡，他的兴学活动也是从在集美办学开始的。他还在 20 岁时，即 1895 年，就出资 2000 元在集美建惕斋学塾。时值中国国势凌夷，列强环伺，日本启衅，塾名惕斋，寓意为警醒国人。这是陈嘉庚兴办教育事业的伟大生涯的开始。

继惕斋学塾后，陈嘉庚决定继续在家乡创办小学校。为此他不辞辛苦地劝说乡里各家族的"房长"停办本房私塾，建立全乡统一的小学，由他独立出资。在他的努力下，1913 年 2 月，"乡立集美两等小学校"成立，有学生 135 人。小学成立后，面临着严重的师资缺乏问题。为从根本上改变本省教育的落后面貌，陈嘉庚决心兴办师范学院。1916 年 10 月，他派弟弟陈敬贤回到集美，出资数十万元，修建了规模宏大的校舍。1918 年 3 月 10 日，集美师范、中学两部开学，这一天也成为集美的校庆日。在此后大约 10 年里，陈嘉庚本着培养国家各类人才的目的，先后出资兴办了 10 多所学校，到 1927 年，集美已发展到拥有男子小学、女子小学、男子师范学校、男子中学、水产航海学校、商业学校、女子中学、农村学校、幼稚师范学校、国学专门学校以及幼稚园、医院、图书馆、科学馆、教育推广部等附属机构的体制完备的综合性教育中心。集美从一个无人知晓的小渔村变成了全国闻名的学村。

从创办学校的第一天起，陈嘉庚就倾注了全部的心血，他多次回国，亲自筹划选建校址、聘请校长、选任教员等事宜。为了能让穷人家的孩子也能念书，他规定师范生费用全免，中学生只交饭费，还免费提供所有学生被褥蚊帐，发给统一的制服。他冲破封建思想的影响和阻挠，让女孩子享受平等教育机会。陈嘉庚十分重视学生的思想品德教育，他以"诚毅"两字作为校训，要求学生具有爱国思想和百折不挠的生活态度。

陈嘉庚认为，要振兴祖国的教育，只办中小学是不够的，还必须培养大批的高级专门人才。1919年，他在第五次回乡时，提出了在福建创建一所大学的设想。他在陈氏宗祠召开的有各界人士300多人参加的大会上，发表了热情洋溢的讲话，并宣布创办大学的计划，当场认捐开办费100万元，经常费300万元。经过一番周密的计划，校址选在厦门五老峰下原郑成功的演武场附近，校名厦门大学。1921年4月6日，厦大正式开学。

像经营集美一样，陈嘉庚花了很多精力和资金修建校舍，添置教学设备，增设新的学科，选聘教员。到1930年前后，已修建校舍40多座，3000余间，建筑面积5万多平方米。开设了文、理、法、商、教育5个学院，共设17个系。厦大吸引了许多知名学者前来讲学、任教，其中包括鲁迅、林语堂、孙伏园、顾颉刚、郑天挺等有名望的学者。到30年代，厦大已成为全国著名的高等学府，被誉为"南方之强"。

陈嘉庚办学从不吝惜资本。1919年，他将南洋的所有不动产捐作集美的永远基金，聘请律师按英国政府条例立字为据。从1918年到1933年，他支付集美学校各种费用达481万元。他还宣布，他以后在南洋经营所得的利润，除一小部分作为花红及再添入资本外，其余全部寄回祖国兴办教育。厦大创办以来的所有费用也全部由他一人承担。然而，从1926年起，陈嘉庚的企业开始走下坡路，此后仅三年时间资产就损失过半。1930年世界性的经济危机，使他的企业更是雪上加霜，从此一蹶不振。有人好心地劝他停办这两所学校，一家外国垄断公司提出以停止办学作条件，允许陈嘉庚的公司在它的"照顾"下继续营业，陈嘉庚都断然拒绝了。他担心两校"一经停课关门，则恢复难望"，如此"自己误青年之罪小，影响社会之罪大"。因此他下决心："企业可以收盘，学校绝不能停办！"仍每年如数拿出几十万元支付教育开支。到了1934年他被迫关闭了所有企业。此后，他一边用变卖房产的收入支付校费，一边向华侨募捐，甚至借债办学，真正做到"毁家兴学"。抗日战争爆发后，他无奈只好将厦大交给国家接办，改为国立大学。但他仍独力维持集美学校的费用，直到全国解放。

新中国建立后，陈嘉庚又为厦大建筑了大量校舍，共24幢，建筑面积近6万平方米，资金达270多万元。当时陈嘉庚在人民政府中身任要职，公务繁忙，但仍花很大精力用于领导集美学校和厦门大学的修复和扩建工作。他以80多岁高龄，每天持杖步行数华里，巡视各处工地。即使后来在北京治病期间，他仍通过书信、电话指导工程的进行。此外，他考虑到国家经济的困难，捐出个人及海外亲属的资金约800万元，用于两校的建设。在党和政府的关怀和陈嘉庚的指导下，集美、厦大两校无论在学校规模还是学生人数上，都比新中国成立前有了几倍的增长，焕发了新的青春。

　　陈嘉庚一生办学，完全是从国家和民族利益出发的，没有任何私心杂念。他为集美和厦大修建了那么多高楼大厦，却没有一座是以他的名字命名的。他捐建学校可以一掷千金，而自己生活上却极其简朴。他的衣服鞋袜总是补了又补，舍不得丢掉。他在集美有一座私宅，抗战期间被日军炸毁。新中国成立后，他花巨款扩建校舍，却从不提修复自己的住宅，长时间住在校委会楼上的旧房子里。陈嘉庚这种毁家兴学、倾资办学的精神，永远值得我们后人敬仰！

　　有的学者对陈嘉庚倾资办学作过统计：1961 年陈嘉庚去世时 87 岁，其中他办学的历史长达 67 年之久，占他一生的大部分时间；他在国内外创办和资助过的学校达 100 所以上，为国家、为社会培养造就了 20 多万各类人才；他倾资办学的费用，根据黄金在国际市场的价格计算，约达 1 亿美元。有人曾这样评价说："'桃李满天下'这句颂词，数当今之世，恐只有陈嘉庚先生一人可以当之无愧。"在中国近现代教育史上，陈嘉庚的巨大贡献确是无人可以比拟的。

五 "华侨为革命之母"

 ## 与"革命先行者"生死与共

在中国近代史上，孙中山是一位杰出的资产阶级革命领袖，是中国革命的先行者。毛泽东曾说过："中国反帝反封建的资产阶级民主革命，正规地说起来，是从孙中山先生开始的。"而孙中山领导中国反帝反封建的资产阶级民主革命，则首先是从海外华侨中开始的。孙中山的家乡是侨乡，他本人出身于华侨家庭，他的两个叔父早年随华工的人流到美国谋生，后葬身在加利福尼亚州的淘金坑里；其兄孙眉是檀香山侨商。从某种意义上说，孙中山既是一位资产阶级民主革命的领袖，又是一位华侨革命的领袖，是华侨的贴心人。他领导辛亥革命时，把华侨作为革命的动力之一，而华侨也把他视为救星和知己。因此在革命中华侨和孙中山结下了生死与共的情谊。

孙中山进行革命活动一开始，就得到其兄孙眉的大力支持。孙眉是檀香山有名的华侨农牧资本家，有"茂宜王"之称。他除了负担孙中山早年的学习和生活费用，对弟弟的思想有较大影响外，兴中会成立后，又成为孙中山革命的重要资助者。据统计，辛亥革命前，孙眉慷慨资助孙中山的革命经费总数约达75万美金，可见数量之大。后由于美国吞并檀香山改订租地条例的限制及其为弟捐出巨资，孙眉宣布破产，将在檀岛数十年的经营收盘回香港，自谋生活。1910年7月其母去世，孙中山因香港当局禁止入境，不能奔丧。昔日的檀香山富商孙眉，此时竟无力为母治丧，由南洋华侨捐资千元办理丧事。孙中山在谈到其兄孙眉对他从事革命活动的资助时动情地说，革命"折我兄已立之恒产耶"，"两年前家兄在檀已报穷破产，其原因皆以资助革命运动之用，浮钱已尽，则以恒产作抵，借贷到期无偿，为债主拍卖其业，今迁居香港，寄人篱下，以耕种为活。而近因租价未完，又将为地主所逐"。"家兄本为地主实业家"，因"我从事革命以耗折之"。孙中山这番肺腑之言，是符合实际的。孙眉资助孙中山革命，不能仅仅理解为是兄弟关系，还体现了华侨资产阶级对革命的热情支持。

在广大的下层华侨中支持孙中山革命的更有许多生动感人的事例。如越南堤岸华侨关唐是一个给人家挑水的佣工，为人家挑一担水，只得一文钱，但他有一次将一生挑水积蓄的3000多元，全部捐给孙中山，表现了华侨工人无私的报国精神。卖菜小贩黄景南的爱国事迹更加突出。黄出生于广东新会的一个贫苦家庭，因生活困苦来到越南堤岸谋生，先是以卖馄饨为业，后开设"黄祥记"芽菜店，人们习惯称他"芽菜祥"。1902年12月孙中山来到河内、西贡等地宣传革命，成立兴中会分会，黄受孙中山思想影响，在堤岸第一个加入兴中会。孙中山也常在他的芽菜店歇宿。有一次孙被法国殖民侦探跟踪，入店后无法躲避，情况突然而危险，黄景南急中生智，当即将孙中山藏在芽菜桶内，才得以脱险。不久，堤岸兴中会设立宣传革命的书报社"萃武精庐"，黄景南任会计，首先捐出1000元作为开办费。兴中会改组为同盟会后，黄担任财务工作，并兼主会务。黄勤奋工作，努力筹款，并带头捐献。据越南老华侨陈良回忆，有一次孙中山来到越南，堤岸一些华侨在裕华公司楼上集会，孙中山介绍了国内革命运动的情况，号召华侨捐款支援国内武装起义。华侨听后深受鼓舞，于是有人提议当场认捐资助革命，结果当晚就认购了1.2万元，其中黄景南一人就捐了3000元。有人问他："你平日不肯多花一文钱，为什么今天这样慷慨？"他回答说："没有祖国，我们华侨就永远受人欺负！"朴实的语言，反映出高尚的爱国精神。同盟会在中越边境发动反清起义后，特别是1907年10月孙中山为镇南关起义筹款，黄景南倾其半生积蓄数千元，全部捐献作为起义经费。对此孙中山称赞道："其出资勇而挚者，安南堤岸之黄景南也。倾其一生之积蓄数千元，尽献之军用，诚难能可贵也。"此后他把所挣的钱一分一毫地投入革命斗争，继续为黄花岗起义、武昌起义、讨袁之役和护法之役等多次捐款出力。黄景南是华侨下层支持孙中山革命的典范。

孙中山为争取美洲致公堂华侨支持革命，对其做了大量工作，并在檀香山亲自加入致公堂。致公堂中一些进步华侨，对孙中山的革命活动也给予了满腔热情的支持。如1904年3月底孙中山赴美国旧金山，当地保皇派分子及清领事互相串通并勾结美国海关关员，以孙中山所持护照为伪照，将其扣留码头木屋多日，并拟驳回檀岛。孙中山被困在木屋，心中焦急，遂托一报童捎信求救于当地《中西日报》总编辑、华侨伍盘照，伍将此情况通知当地美洲致公堂总部英文书记唐琼昌、大老（首领）黄三德等。当地致公堂闻讯，大为愤慨，乃奔走各方求救，并往访致公堂顾问美国律师那文，向华盛顿美国工部局上诉，同时出具500元保证金担保孙中山外出，听候华盛顿当局裁判。旋经华盛顿复电，以该入境护照为合法饬令放行，孙中山在木屋被关17天，最终得以脱难。孙中山脱难之日，有许多致公堂及其他各界华侨，前来码头欢迎，以贺脱难并示敬意。

 ## 兴中会的发轫者

檀香山是孙中山民主革命活动的发源地。早在1879年，年仅14岁的孙中山来此投奔其兄孙眉，在这里学习生活一段时间后，便回家乡广东和香港继续学习并开始酝酿革命活动。1894年秋，孙中山再赴檀香山，11月24日在此发起创建兴中会。兴中会成立会议是在卑涉银行经理、华侨何宽家召开的，与会华侨有何宽、李昌、邓荫南、宋居仁等 20 多人。会议由孙中山主持，经过讨论，孙中山提议成立兴中会，获得通过，公举永和泰商号司理刘祥、何宽为正副主席（即会长），程蔚南、许直臣为正副文案（即书记），黄华恢为库管（即会计），李昌、郑金、邓荫南、李禄、李多马、钟宇、林鉴全等人为值理。兴中会第一次会议后陆续入会者有孙眉、李杞、侯艾泉等 126 人。

1894 年冬，孙中山自檀香山归国，船经日本横滨时，孙在船上向乘客及登轮侨胞演讲反清救国。其中有位华侨小商贩陈清，听到演说，异常惊奇，回禀进步侨商冯镜如。冯立嘱陈清返回船上请孙中山登陆，很想与孙会面。孙中山告之有要事在身，不便登陆，同时交给陈清一沓兴中会章程，嘱其转交冯镜如广泛宣传。此次冯镜如虽未能见到孙中山，但他已知晓孙中山是一位反清革命者。第二年 10 月孙中山发动广州起义失败，偕陈少白、郑士良等逃亡日本横滨，首次面晤冯镜如，商讨组织兴中会事宜。冯欣然赞成，遂召集有进步思想的侨商冯紫珊（冯镜如弟）等 10 多人开会，决定成立兴中会，大家推举冯镜如为会长。半个月后，又有郑晓初、黄焯文、陈植云、冯自由等 10 多人入会。其中冯自由年仅 14 岁，为年龄最小之会员。

1902 年秋冬间，孙中山来到越南河内进行革命活动。当地华侨洋服商黄隆生，为广东新会人，经常阅读香港革命报刊《中国日报》，产生较强烈的反清革命思想。某日，孙中山入其店购物，互相攀谈，黄得知来者是久闻大名的革命党领袖孙中山，"坚求订盟"加入兴中会，得到孙的同意。接着，黄隆生又介绍杨寿彭等几人入会。因会员不多，未设会所，每次开会均在黄隆生的服装公司进行，三年后越南兴中会改组为同盟会。

1895 年广州起义失败后，兴中会员杨衢云（杨的祖父、父亲都是马来亚槟榔屿华侨）从南洋经印度到达南非洲，在约翰内斯堡和彼得马里茨堡两地设立兴中会分会，华侨黎民占等数人入会。经杨衢云的广泛宣传，一时会务颇为发达。第二年杨表示归国参加起义，得到会员们集款资助，其中黎民占贱售其商店货物从行。杨至香港后不能立足转赴日本，而黎居港日久，所带费用花光，生活无着，竟郁郁而逝。从各地兴中会的建立及其发展的情况看，孙中山是该组织的创始人，而华侨是该组织的创立者和参加者，是主要的基础之一。据统计，到同盟会成立前各地兴中会会员发展到 300 多人，其成分可考者有 279 人，其中海外华侨有 219 人，占 78%，包括工人、职员、知识分子、中小商人以及资本家各阶层的华侨。这个数字可以反映出华侨在兴中会中占有重要的地位。

踊跃参加同盟会

兴中会的建立，在国内外点燃了中国资产阶级民主革命的火种。从此革命风气渐开，革命潮流汹涌澎湃，于是中国近代第一个资产阶级革命政党——同盟会在此背景下诞生了。

1905 年 8 月 20 日，中国同盟会在东京举行本部成立大会。与会者有 300 多人。横滨华侨、兴中会员冯自由、梁慕光、温炳臣、温惠臣以及缪菊辰、缪钦仿、林君复等参加了会议。会议通过了《中国同盟会总章》，确定了"驱逐鞑虏，恢复中华，创立民国，平均地权"的资产阶级民主革命纲领，建立了以孙中山为总理的领导机构，其中华侨廖仲恺为会计长，冯自由、梁慕光为评议部议员。《总章》还规定，同盟会在国内设立 5 个分部，海外设 4 个分部。海外 4 个分部为：南洋，以新加坡为中心，辖英荷属地（即新马、印尼）及缅甸、安南、暹罗等地；欧洲，以比利时的布鲁塞尔为中心，辖欧洲各国；美洲，以旧金山为中心，辖南北美洲各地；檀香山，辖檀香山群岛。

同盟会本部在日本成立后，在国内外大力发展革命组织，其中海外各侨居地的革命组织发展很快，一日千里。在东南亚一带，同盟会组织星罗棋布。1906 年 4 月 6 日，孙中山第二次来到新加坡，召集当地进步华侨陈楚楠、张永福等，在晚晴园成立同盟会新加坡分会。会所晚晴园原是一位富家公子的藏娇金屋，屋里的陈设据说是那位公子从欧美定制的，并留有那位娇妻的小影。后来该屋被侨商张永福买下，作为其母休养的别墅。孙中山来到以后，特地腾出来供开会用。首次与会加盟者有陈楚楠、张永福、林义顺、尤烈、邓子瑜等 12 人。推举陈楚楠、张永福为正副会长。以后陆续加盟者有黄乃裳、许雪秋、林文庆、陈嘉庚等 400 多人。1906 年 8 月，孙中山偕同陈楚楠、林义顺等一行来到马来亚的吉隆坡。8 月 7 日，同盟会吉隆坡分会正式成立，孙中山亲自主持宣誓，当地华侨阮英舫、阮卿云、阮德三、陆秋泰等 16 人加盟。尤其是 70 多岁老华侨阮英舫，聆听了孙中山革命演讲后，欣然率领两个儿子阮卿云、阮德三加盟。吉隆坡同盟会会员后发展到 1000 多人。槟榔屿同盟会是孙中山派陈楚楠、林义顺持其介绍函到槟城组建的。首先加盟的有吴世荣、黄金庆、陈新政等 22 人。在陈楚楠、林义顺二人主持下，加盟者一一举手宣誓。众推举吴世荣、黄金庆为正副会长。吴世荣祖籍福建海澄县，其父是槟城著名殷商，父逝后，继承产业。他虽身为富商，平日生活仍自奉节俭，常穿着经脏耐用的黑布裤子，思想又比较进步，热心社会公益事业，故在当地华侨社会声誉颇佳。后陆续加盟者有熊玉珊、徐宗汉（黄兴之妻）、陈璧君（汪精卫之妻）等多人。

马来亚的怡保、芙蓉、马六甲、太平、瓜劳卑那、林明、关丹、金宝、麻坡、沙捞越等许多地区都先后建立了同盟会分会。在马来亚各地，"大抵有华侨车辙马迹之地，几无不有同盟会员焉"。

在东南亚其他各侨居地，华侨加入同盟会者也十分踊跃。约在 1909 年，革命党人汪精卫等来到印尼巴达维亚，介绍吴伟康、陈百朋等 20 多名华侨加入同盟会，但没有建立组织。1910 年刘芷芬抵此，建立了同盟会分会，此后印尼各地分会相继建立。1905 年冬孙中山等人来到越南堤岸，受到当地华侨的欢迎，当即成立同盟会，入会者有刘易初、黄景南、关唐、曾锡周、马培生等多人，举刘易初、李卓峰为正副会长。此后，河内、海防等地也相继建立了同盟会组织。1908 年 4 月，同盟会员王群由日本来缅甸，带来了同盟会本部的委托证书，在仰光组建同盟会，加盟者有徐赞周、庄银安、陈仲赫等 10 多人。此后缅甸同盟会在同保皇派的激烈斗争中得到大发展，全缅各地有 25 个同盟会分会组织。根据现存名册可知，从 1908 年 4 月缅甸同盟会成立到 1911 年止，缅甸共有会员 2343 人，为国内外各地同盟会所存各册最完整的。同盟会在缅甸得到迅速发展，与侨缅进步华侨的努力是分不开的，其中最突出的是庄银安和徐赞周两人。1908 年，孙中山偕胡汉民、胡毅生等来到暹罗（即泰国），受到当地华侨的欢迎，遂由孙中山亲自主盟，建立同盟会暹罗分会，加盟者有萧佛成、陈景华、王杏洲等 20 多人，由萧佛成任会长，陈景华为书记，沈荇思为会计。第二年又有林格兰、周华等数十人加盟。此后中国内地反清起义失败的革命志士逃到暹罗多人，在暹罗大力发展会员，又有 200 多人加盟。1911 年春，同盟会南方支部（设在香港）派美国华侨李其赴菲律宾，与郑汉淇等相识，随即主盟建立同盟会，当即加盟者有郑汉淇等 6 人，以后又有一批华侨加盟。

　　从同盟会在南洋各地建立和发展的情况看，凡是有华侨的地方一般都建立了同盟会的组织，"各埠均设有分会，会员达数十万众"，"凡华侨所到之地方，莫不有同盟会员之足迹"。除孙中山亲自创建的外，还有不少同盟会分会是华侨革命党人发起建立的。由此可见南洋各地华侨在同盟会中的地位。

1909 年 11 月 8 日，孙中山自欧洲来到美国纽约，当地致公堂老友黄思麟至码头迎接，并请其下榻于自己开的溪记商店。12 月 15 日，在溪记商店二楼成立美东同盟会，由孙中山主盟，首先加盟者有周植生、赵公璧、钟性初等 16 人。翌年 1 月 8 日，孙中山从纽约来到芝加哥，第二天，华侨开欢迎会于聚英楼，孙中山就革命和时局问题即席发表演讲，听者受到感动，孙中山提议设立同盟会分会，得到响应，当时加盟者有萧雨滋、梅乔林等 12 人。后来加盟者有谭赞等数十人。2 月 5 日，孙中山由芝加哥抵达三藩市（即旧金山），28 日发起建立三藩市同盟会，由孙中山亲自主盟，初次加盟者有李是男、黄芸苏、黄伯耀、张蔼蕴等 8 人。推举李是男、黄芸苏、刘成禺为会长。为进一步发展党务，不久，孙中山亲自同黄伯耀一起先后赴美国埃仑顿、沙加缅度、斐市那、北架斐、市作顿等地组织分会，发展新会员。华侨加盟者日众，会务有较大发展。4 月 1 日，孙中山离开美国大陆来到檀香山组织同盟会分会，推举梁海为会长，曾长福为司库，卢信为书记。至同年 6 月，会员猛增到 1000 多人。

按照同盟会会章规定以及实际地位，新加坡同盟会分会被确定为南洋支部（1910 年迁到槟榔屿），领导南洋各地的党务；三藩市同盟会被确定为美洲支部，领导南北美洲各地的党务。

　　美洲同盟会虽有较大的发展，但大多数致公堂成员还没有加盟，或者不能与同盟会员很好合作，甚至还有隔阂。孙中山为改变这种状况，努力争取致公堂成为革命动力，与当地同盟会和致公堂负责人多次协商，决定全体同盟会员一律加入致公堂，同时删改致公堂入闱（加入致公堂称入闱）的繁文缛礼，得到双方的赞同。于是双方各在自己的机关报《大同日报》和《少年中国晨报》发布联合布告，这标志着孙中山对美洲致公堂改造的完成。

　　加拿大华侨中的同盟会分会，是辛亥革命前夕由冯自由主持建立的，最初入会者有几十人，辛亥革命爆发后，党务发展很快，又有数百人加入同盟会。受同盟会美洲支部的委托，古巴进步华侨黄鼎之发起建立古巴同盟会分会。秘鲁华侨中的同盟会是在民国建立以后正式成立的。1911年，墨西哥华侨与美洲支部取得联络，成立同盟会通讯处。美洲各地同盟会虽比东南亚建立的晚一些，但"自黄花岗之役后，南北美洲二十余国华侨，纷纷投向革命阵营，加入同盟会者将达万人，成立同盟会机关者，计有四十九埠"。可见美洲同盟会也呈一日千里之势。此外，澳大利亚和新西兰华侨也都建立了同盟会分会。

　　孙中山曾说过："同盟会之成，多赖海外华侨之力……惟吾深知同盟会中非有华侨一部分者，清室无力而覆，民国无由而建也。"华侨与同盟会的关系及其在同盟会中的地位和作用，孙中山的评价当最有权威性。

倾资办报为革命呐喊

舆论往往是行动的先导，它为大规模的革命运动的发动和开展作了重要的准备。辛亥革命期间，在国内外掀起了一股前所未有的办报热潮。据初步统计，出版的各种报刊达八九百种之多，其中从兴中会成立到讨袁战争结束期间，海外华侨报刊至少有 100 种。这是一支数量多、规模大、分布广的革命新闻队伍。它为革命所起的呼风唤雨的、强大深远的舆论作用，往往为国内报刊所不及。在这支庞大的海外新闻队伍里，涌现出不少倾资办报、同清政府驻外使馆和保皇派的疯狂迫害作斗争的生动感人事迹。

新加坡同盟会分会的负责人、进步侨商陈楚楠、张永福等人为革命倾资办报的事迹就很突出。受到国内斗争的影响，陈楚楠、张永福较早就产生了反清革命思想，并积极从事反清的革命活动，但由于南洋风气闭塞，他们的活动不为侨众所理解。通过革命活动的实践，陈楚楠"觉得欲成大事，非先唤醒民众不可"，便和张永福两人"各出一些资本，来组织一间《图南日报》"。

《图南日报》创刊于 1904 年春，它不但是南洋第一份鼓吹革命运动的报纸，而且是新加坡中国革命报纸的先驱。该报的编辑、记者多为华侨革命党人，其宗旨为"提倡革命排满"。但由于广大侨众还没有觉醒，对于该报的革命言论，多不能接受，且视为大逆不道，群起反对，有些甚至告诫家人亲友不许购读。报纸出版多日，鲜为人订购。如张永福自己所说："图南报出世第一天，入了社会人士的眼帘，他们就紧张起来，不约而同大呼小叫，说是无父无君、谋反大逆的报纸。不要说叫他们出钱来买一份看看是无望，就是你十二分诚意的不要钱送给他们一份看，请他们赏识，他们老实不客气地随手就撕掉。"可见该报办得多么艰难！初期报纸每日印 1000 份，而订阅者只不过 30 份，所以只好偷偷地把报纸塞到各商店里，免费赠阅，故经费开支甚巨而收不回来。在出版不到两年就花费了 3 万多元，虽然这时销路已超过 2000 份，但收入微乎其微。1905 年秋，虽经办报同仁竭尽全力支撑，最终还是被迫停刊。

陈楚楠并未因《图南日报》办不下去而灰心，在报纸停刊两个月后，他再度联合张永福将该报设备作价入股，并邀侨商许子麟、沈联芳、陈云秋、朱子佩等集资，于当年（1905）又创办了《南洋总汇报》，宣传革命主张，表现了不屈不挠的意志。但不久思想保守的侨商陈云秋、朱子佩在是否刊登宣传革命的言论问题上与陈楚楠、张永福发生激烈争执，决定双方抽签解决，结果为陈云秋、朱子佩抽得，而保皇派分子乘虚而入，篡夺该报，使其成为保皇派的报纸。

《南洋总汇报》被保皇派抢夺后，陈楚楠等人耿耿于怀。此时孙中山来到新加坡，组织同盟会新加坡分会，陈楚楠被选为会长。在孙中山的直接支持下，陈等重整旗鼓。1907 年 7 月 12 日，他召集张永福、许子麟、邓子瑜、沈联芳等人合股，创办了同盟会的机关报——《中兴日报》。

由于有孙中山为首的革命党人全力支持，《中兴日报》在当时的影响和销路都是不错的。但它不是商业性的报纸，只注重宣传，不重视经营，故报纸销路越广，纸张和印刷费用越多，资金越觉周转不开。尽管多方努力，仍难以摆脱困境。至此，陈楚楠历年为革命耗资，发生兄弟争产涉讼，张永福亦因致力革命影响商务，几致破产；报纸负债累累，《中兴日报》只坚持了三年又停刊了。接着华侨革命党人又相继创办几种宣传革命的报纸，继续革命的宣传事业。华侨不屈不挠坚持为革命办报的精神十分可贵。

戊戌变法失败后，康有为从印度来到缅甸宣传保皇，受其影响，由华侨庄银安等出资、谢启思主持，于1903年创办了《仰江日报》，翌年更名《仰光新报》，作为保皇会的机关报。但由于办报人员思想守旧，报纸打不开销路。后同盟会员秦力山来到仰光宣传革命，庄银安受其影响转变立场。缅甸同盟会建立，庄等脱离保皇会加入同盟会。《仰光新报》也随主持者立场的转变而完全革命，抨击清政府，揭露保皇，后遭守旧派的破坏被迫停刊。

革命舆论阵地丧失后，庄银安等心犹未甘，1906年秋和徐赞周再次集资创办了《商务调查月报》，聘请由泰国来缅的萧佛成等主持笔政，但因缺乏经验，支持者不多，仅出两期便停刊。庄银安、徐赞周、陈守金等侨商集资8000余盾，以其中一部分购买原《仰光新报》的印刷设备，于 1908 年 8 月 1 日创办《光华日报》（也有称《光华报》），作为同盟会的机关报。由庄银安任首届经理。

《光华日报》出版后，不遗余力地攻击和揭露清王朝和保皇党，轰动很大。但被清政府驻缅甸领事和保皇派两股反动势力视为眼中钉、肉中刺，阴谋破坏，不少股东受到威胁被迫屈服退股，该报终至停刊拍卖，被保皇党间接出资收买，更名为《商务报》，成为保皇党的机关报。同盟会会员因《光华日报》被保皇党阴谋篡夺十分愤慨，深悟招集党外商人资本非长久之计，遂召开全体大会，重新组织力量，筹募资本，一夜间集股 1.3 万盾，遂于 1909 年 2 月 1 日宣告《光华日报》复刊。复刊后的《光华日报》立即与保皇派的《商务报》展开大论战，后者终于败下阵来，被迫停刊。但保皇党不甘心失败，再次勾结清政府驻缅甸领事和缅政府迫害《光华日报》，将主笔居正等驱逐出境，庄银安被迫避难马来亚槟榔屿，《光华日报》第二次停刊。庄银安至槟城后，与当地华侨、革命党人陈新政等重整旗鼓，第三次创办《光华日报》，继续宣传革命，抨击清政府的封建专制及保皇派对革命的攻击。

《光华日报》第二次停刊一个月后，原该报社的同盟会员徐赞周、陈钟灵等人利用报社原有的资产，第三次着手组织同盟会的机关报，于 1910 年 3 月再办《进化报》，继承《光华日报》的未竟事业。该报由陈钟灵任经理，仍由吕志伊任主笔。但《进化报》出版不到一年，又被保皇党人勾结英警借故摧残而停办。

《进化报》刚停刊，即1910年11月，其任事人徐赞周联络张永福（与新加坡同盟会员张永福同名，但不是一人），接着创办革命党的机关报——《缅甸公报》，一直坚持到民国成立，1913年9月1日改组为《觉民日报》继续发行，使缅甸革命舆论阵地得以坚持到革命胜利。

缅甸华侨革命党人前仆后继坚守革命舆论阵地，在恐怖艰难的环境中不屈不挠地为革命"四次办报，所耗经费，约为缅币六万余盾，其经历之艰难险阻，殊非笔墨所能形容。而吾华侨同志为主义、为革命奋斗之精诚，诚属难能可贵也"。

新加坡和缅甸华侨拿出自己的大量钱财，为革命办报的事迹生动感人，他们利用报刊作为革命阵地宣传革命，同清政府作斗争的精神也同样扣人心弦。《图南日报》创刊后，销路不畅，1905年新年，该报印制了带有革命刺激性的月牌（即日历牌），上面印有太平天国翼王石达开的名联："忍令上国衣冠沦于涂炭，相率中原豪杰还我河山。"报名的下端印有对联："文字收功日，全球革命潮"，"图开新世局，书檄布东南"，并绘有自由钟和独立旗。年号则采用"暂理皇汉帝位满清光绪三十一年岁次乙巳"，还附上公元纪年。这份月牌字里行间充满了反清色彩。该月牌随报分赠当地以及南洋华侨并与其他各地的一些侨报交换，产生了较好的宣传效果。时在檀香山的孙中山，在见到《图南日报》和月牌后，甚为欣悦，乃亲寄20元美金向报社购买月牌20张，并以此为契机，间接结识了陈楚楠等进步华侨。对于那些深居简出的清廷封建官僚，报社先是遍查清政府中央及各省、府、州、县衙门的职官名录，然后将该报社出版的《图存篇》（即邹容的《革命军》）卷起来写好地址、姓名，贴上邮票，分别给他们寄去。北京的翰林院、总理衙门等部门，无一不寄。这样，那些官僚大老爷就能"免费"看到《革命军》一书了。该报曾多次印刷《革命军》等革命小册子在国内外散发。可见，《图南日报》的反清宣传工作做得多么深入仔细，是费了一番脑筋的。

缅甸华侨创办的革命报纸除了宣传革命外，还直接同清政府驻当地领事馆进行斗争。如《光华日报》在光绪皇帝和慈禧太后先后病死之际，代主笔吕志伊借机征联曰："摄政王兴，摄政王亡，建虏兴亡两摄政"，攻击清廷。再如清政府驻缅领事肖永熙屡为丧家"点主"（人死后立一神主，书死者姓名，请名人以朱笔在神主牌位上点一点以为光荣），向华侨敲诈财物，《光华日报》特用"领事点主"事，撰一对联加以讥刺。肖永熙恼羞成怒，威逼报纸停刊，结果《光华日报》为保皇派所篡夺，易名《商务报》。但革命党华侨与其针锋相对，二办《光华日报》，将保皇报击败。保皇党人又串通肖永熙，由肖密电清廷外交部，危言《光华日报》宣传无政府主义扰乱人心，借机与英驻华公使馆勾结将该报纸负责人驱逐出境，迫使该报第二次停刊。《光华日报》与清政府驻缅使馆及保皇派的两次斗争尽管失败了，但也说明它不只是起到喉舌的作用，而且成为华侨在海外与封建政府坚持斗争的一个堡垒。

辛亥革命时期世界各地创办的华侨报刊，无情地抨击黑暗的封建专制制度，揭露清政府的残暴统治和昏庸腐败，号召广大华侨支援革命，并宣传了资产阶级民主革命思想，唤醒了国民和华侨"昏睡未醒之迷梦"及其民族意识，在海外掀起了一股强大革命舆论潮流，进而有力地配合了革命派开展的推翻封建统治的斗争。以上介绍的新加坡、缅甸华侨创办报刊的事迹，只不过是两个典型而已。

血染黄花岗

华侨参加了孙中山领导的多次反清武装起义，并且在起义中表现英勇顽强，是起义的先锋队之一。而在孙中山领导的多次反清武装起义中，属黄花岗起义最悲壮、最感人，影响也最大，爱国华侨在黄花岗起义中的壮烈事迹也更加突出，用鲜血和生命在中华民族爱国史上谱写了一首可歌可泣的永垂不朽的颂歌。

华侨自始至终参加了黄花岗起义的酝酿、发动和起义的整个过程。1910 年 11 月 13 日，在马来亚槟榔屿召开酝酿黄花岗起义的秘密会议，会议由孙中山主持，与会者除黄兴、胡汉民、赵声等人外，华侨代表黄金庆、吴世荣、邓泽如、孙眉等多人参加了会议，他们积极主张起义并为起义出谋献策。

槟城会议后，华侨代表积极发动捐款，各地华侨掀起了一个空前的捐款高潮。邓泽如作为南洋筹款负责人奔走各地,不遗余力。当时他年已四十,妻子刚生一男孩,黄兴为其起名"光复"。邓妻分娩后患病,但邓泽如无暇照顾患妻幼儿,只是做些安慰,便随黄兴一道出发募捐,黄兴、胡汉民称赞他"尽力国事,急公忘家"。为支持起义,加拿大致公堂变卖几处公所,捐出6.4万元巨款,为各地华侨捐款之冠。当地致公堂会员梁翼汉"自筹饷时,牺牲平日之工往各处劝捐,后闻广东失败,竟乃吐血如盆"。黄花岗起义所用经费共达187636元,全部为华侨捐献。

黄花岗起义"所用的枪械弹药,可以说全是华侨捐钱购买的"。越南华侨刘岐山、马祺、刘济川等,南洋华侨周之贞、郭汉图等许多人参与了为起义运送武器的活动,为发动起义提供了保证。

起义前夕,南洋华侨"争先返国效力,甚至因人数过多,由抽签以决定回国参加者"。据统计,回到香港集中准备参加起义的南洋华侨,至少有500人。

1911年4月27日,黄花岗起义爆发了。黄兴率领"选锋"(敢死队)120余人为起义的主力。他们臂缠白巾,手持枪械炸弹,吹响海螺,向两广督署发起猛攻。督署卫兵进行顽抗,革命军枪弹齐发,冲进督署,卫队数人弃枪投降。黄兴等四处搜查,无一要人。原来总督张鸣岐事先已得侦探报告逃避到李准的水师提督衙门。黄兴在屋里放火后又冲杀出来,与李准卫队发生遭遇战,革命军数人牺牲。黄兴冲出后,将所部分为三路:他自率10人出大南门;另一路40人出小北门;第三路以越南及南洋华侨为主进攻督练公所。

黄兴率一路勇猛地冲杀到大南门，无人接应，回顾部下，不见一人，便更衣逃出，入河南一女同志家暂避。其他两路均被打散，多数人牺牲。悲壮的黄花岗起义就这样失败了。

黄花岗起义英勇悲壮、可歌可泣，表现了"惊天地，泣鬼神"的英雄气概。喻培伦、林觉民、方声洞等革命英烈的事迹已为众所周知，多有传颂。然而黄花岗七十二烈士（后经三次复查确认为86位烈士）中，经查证有名在册的华侨烈士有31人，占牺牲烈士的1/3多，他们的事迹同样可歌可泣，悲壮感人。

马来亚华侨同盟会员李炳辉，在黄花岗起义前夕回国参加"选锋"。回到香港后，母亲得知儿子回国，想让他回家看看。他是个孝子，也很想念母亲，但他认为革命事业更为重要，乃挥泪给母亲写信，禀明不能回家看望她的情由，并附诗云："回头二十年前事，此日呱呱坠地时，惭愧劬劳恩未报，只缘报国误乌私。"由此可见其爱国热忱。新加坡华侨、印刷工人李文楷得知要在广州大举起义，兴奋地表示："我报国的时机到了。"临回国前，他慷慨激昂地对为他饯行的朋友说："现今祖国局势，一天危急一天，我辈均为汉族男儿，必须为国家作一番惊天动地事业，以救国家危亡。此次回国，乃抱着此一愿望，与诸君为最后一次聚首！"朋友闻言，均受感动。回国后，他参加"选锋"，随黄兴等与清军巷战，毙敌多人，身中数弹，仍奋力向前，血流如注，"仆地而死"。马来亚华侨郭继牧、余东雄的事迹也很感人。郭出生在南洋，稍长回国，见国家积弱，遭受列强侵略欺辱，极为愤慨，对乡人说："满清政府腐败，为国势衰弱之原因，必须推倒满清，才能救国。"返回南洋后即加入同盟会，鼓吹革命。1910年冬，父亲欲为他订婚，郭继牧不同意，对父亲说："男儿志行未遂，何以家为？"但经父亲一再劝说，勉强成婚，婚后不久他对妻子说："我要到广州参加革命，这一去，成败不一定，假如不幸失败，切不可过于挂念我，还要请你替我孝养老父！"随即和余东雄一起回到广州。1911年4月23日早晨，他和余东雄一起给马来亚同盟会领导人郑螺生等三人写信坚定地表示："弟之生命，早已置之度外"，"视死如归，弟之素志，但求马革裹尸以为荣耳……此函请作最后之永诀观可也"。为革命虽死犹荣，大英大烈的献身精神跃然纸上。4月27日，起义打响后，郭继牧和余东雄跟随黄兴进攻督署，奋勇争先，双双战死。郭19岁，余东雄仅18岁，为黄花岗起义中献身年龄最小的华侨烈士。余东雄年龄虽小，却是一名老同盟会员。他15岁即加入同盟会。黄花岗起义前，因他年龄小，当地同盟会负责人没有批准他回国参加起义，因他再三恳求，才被批准。其爱国精神堪称楷模。在黄花岗起义中献身的华侨英烈，个个英勇壮烈，不能尽书，上面介绍的仅是几个典型。

在战场上华侨个个是斗士，在刑场上华侨个个是英雄。马来亚华侨罗忠霍，黄花岗起义前回到香港，参加统筹部筹划起义工作。这时离别近十年的妻儿远途跋涉来香港看望，他却因为起义事奔波，既不能陪伴久别的妻子一叙天伦之乐，又不能亲送她们母子返乡，仅给一点钱打发妻儿回家。当然，这样对待妻儿他心里也很不好受，但为了革命事业，为了更多人的妻子儿女能够幸福团圆，他只好舍弃自己的幸福。妻儿走后，他随即默默地前往广州参加起义，在随黄兴攻打总督署时左脚受伤被俘，在狱中和刑场上还大谈革命，慷慨就义。另一华侨李雁南在南洋本来有温暖幸福的家庭，但他毅然带着妻子和女儿回国参加起义，随黄兴进攻总督署时中弹受伤被俘。在审讯时，他慷慨陈词，说：中国要有救，必须革命，必须推翻满清！只恨身中两枪，不能再战。今日被捕，只求速死。当清吏宣布将他判处死刑时，他泰然自若地走向刑场，临行刑时，他厉声对清兵说："请用枪从口击下！"遂张口饮弹而死。其豪壮不屈的革命精神，连清兵也为之骇然。越南华侨罗联，是黄花岗起义牺牲的华侨烈士中年龄最大的一位。他原是越南广隆杂货店的店员，后加入同盟会。起义爆发后，他从总督署转战至小南门，因寡不敌众被俘，初因禁于番禺监狱。他的弟弟来探视时，他对弟弟说："吾必舍生取义，望诸弟能继吾志。"后被押至水师行台李准处，严刑审讯，宁死不屈，于5月6日就义。临刑前他奋力高呼："中国非革命无以救亡，望后起者努力前进，勿中馁云。"

华侨在碧血飞溅的黄花岗起义中，起到了重要的作用。他们在战斗中勇猛向前，义无反顾，直到为革命流尽最后一滴血。在刑场上，他们大义凛然，视死如归，表现了大英大烈、威武不屈的高尚气节。华侨

107

以其大无畏的革命牺牲精神，在中华民族爱国史上树立了不朽的丰碑！

6 海外讨袁怒潮

孙中山领导的辛亥革命推翻了几千年的封建帝制，资产阶级民主共和在中国犹如破晓的晨曦，露出一线光明。但由于这次革命的不彻底性，革命的果实很快被袁世凯篡夺。袁世凯上台建立北洋军阀专制统治后，镇压国民党，解散国会，废除《临时约法》，复辟帝制，封建专制统治的乌云复而笼罩中国大地。对此广大华侨深感痛心，随即掀起了一股讨袁怒潮。

函电交驰，口诛笔伐，集会声讨，发表宣言，四出奔走，筹款募捐，这是广大华侨开展的一系列讨袁活动。其中最有影响的还是武力讨袁。

1913年9月16日是袁世凯54岁生辰，适逢"二次革命"刚刚失败，袁得意忘形地欲大加庆祝。当时北洋政府驻旧金山领事威迫中华会馆及中华总商会各董事齐集于中华会馆举行庆祝仪式。庆祝活动正在进行时，忽然闯进一名彪形大汉制止典礼进行，并伸手将墙上挂着的袁世凯像撕得粉碎，众人大哗，趁乱纷纷离去，庆祝活动被迫停止。事后风传为在美的黄兴所为，说"黄兴在美中华会馆怒毁大总统像"。其实此时黄兴已离开旧金山数月，此举为当地华侨杨忠汉所为。

1915年冬，袁世凯在紧锣密鼓地复辟帝制之时，派他的亲信、进步党政客黄远庸到欧美诸国进行帝制宣传活动。黄抵达旧金山，当地守旧华侨迎接设宴于都板街上海楼菜馆。正当杯酒言欢之时，突然闯进两壮士，拔枪射击，黄应声倒地毙命，刺客速遁，无法追查，只知是反对袁世凯帝制的热血华侨青年所为。

华侨这种自发的零星的反袁活动，虽然没有形成一股强大的反袁潮流，但它打击了袁世凯在海外宣传帝制活动的气焰，使袁世凯的爪牙"视美洲为畏途"，不敢贸然到国外进行帝制宣传活动。

海外华侨较大规模地有组织地参与国内武力讨袁的是加拿大华侨组织的华侨敢死先锋队。1915年4月，美洲华侨在加拿大组织军事社，由华侨胡汉贤任社长，马超凡任副社长。该社一成立，即有当地华侨革命党人数百人参加，其中青年工人及店员居多。他们白天工作，晚上集中训练。继之加拿大各大城市的华侨陆续组织军事分社，掀起了学习军事、随时候命归国讨袁的热潮。美国华侨伍贯横、黄培等也暗中与加拿大军事总社联系。

袁世凯帝制公开后，革命党人夏重民遂在加拿大温哥华召集侨胞组织华侨敢死先锋队，准备回国讨袁。一时间报名者达500多人。1916年4月有300多人回到日本，受到孙中山的接见，正式命名"中华革命党讨袁军美洲华侨敢死先锋队"。5月底，全队共360余人回国进入山东潍县，归中华革命军东北军总司令居正指挥，旋改名为"中华革命军东北军华侨义勇团"。团长夏重民，副团长胡汉贤、伍贯横，参谋陈煊。团部下设三队。归国不久，他们准备参加暗袭济南的战斗，因日本出卖，暗袭计划未能实现。1916 年 6 月 6 日，袁世凯在众叛亲离中暴毙。时局大变，南方讨袁各省纷纷取消独立，孙中山及其领导的讨袁武装也停止了军事行动，9 月 20 日将义勇团解散。

盘踞广东的军阀龙济光是袁世凯的忠实鹰犬。当袁世凯与日本签订"二十一条"引起举国反对时，他竟电请提灯庆祝；袁世凯复辟帝制，众叛亲离，他却表示坚决拥护。龙济光的倒行逆施引起革命党人尤其是海外华侨的刻骨仇恨，于是在广东掀起了讨龙杀龙活动，可以说这也是讨袁斗争的一部分。

华侨先是组织讨龙军，以周之贞任总司令，有 20 多名队员，进行讨龙活动。但因龙济光深居简出，众兵护卫，讨龙军很难得手，于是在华侨中涌现出勇于慷慨献身之士进行暗杀活动。马来亚霹雳华侨、矿工钟明光就是一位英勇悲壮的屠龙手。他为讨龙从南洋回到广州后，伪装小贩终日在省府衙门前摆设水果摊，藏炸弹于其中，苦等 5 个多月未得手。某一日，值龙济光往其兄龙觐光住宅，钟明光见机抛出炸弹击之，伤其左足，炸死卫士 17 人。钟明光被捕，受尽毒刑，敌人以火油浇燃其身，气将绝时，剖腹裂尸，悲惨至极。其间，槟城华侨记者方次石也在讨龙活动中牺牲。

还有一些辛亥革命时归国的华侨在国内积极从事讨袁而献身。暹罗华侨林文英是孙中山革命的坚定追随者。民国成立后，林文英由孙中山荐举，被选为国会众议院议员。袁世凯篡权后企图收买他，两次在故宫设宴召见，假惺惺地称他为"国家之栋梁，望同共事"。林十分痛恨、厌恶袁世凯，遂留下了揭露袁世凯卖国专制的檄文。袁世凯见后恼羞成怒，下令问罪林文英，但他早已化装离京赴沪，面见孙中山。接着奉孙中山指示回家乡海南岛创办《琼华日报》，继续公开揭露袁世凯卖国专制，称其是窃国大盗，号召同胞讨袁护国，再造共和。袁世凯听到《琼华日报》的讨伐号角，又惊又恼，急令广东龙济光遣将会同琼崖反动当局查封报纸，将林文英逮捕入狱。1914 年 3 月 31 日午夜，林文英被秘密杀害，临刑前留下就义诗一首："溘然长逝去悠悠，竟把头颅换自由；我不负人人负我，愿将铁血灌神州！"表现出为讨伐国贼、捍卫共和视死如归的革命精神。袁世凯死后，孙中山出资在林文英殉难处树碑并建烈士陵园纪念，亲书"烈士林文英之墓"。

六　同仇敌忾　共赴国难

　拉开支援抗日救国的帷幕

　　1931 年日本制造九一八事变，打响侵华战争的炮声。这炮声震醒了古老的中华民族及其海外儿女。中国人民从此开始了反对日本侵略者的民族解放战争，海外华侨支援祖国抗日的爱国救亡浪潮也由此掀起，并随国内抗日救亡运动时起时伏，终于在全面抗战爆发后汇合成抗日爱国的洪涛巨浪。

　　华侨得知日本发动九一八事变、日军侵占中国东北的消息后，反响强烈。事变发生的第二天，日本华侨立即作出反应，纷纷返回国内，事变发生后的两个来月里就有 7000 多华侨回国，以示对日本侵华的抗议。缅甸、新加坡华侨、商界纷纷集会谴责日本侵华行径，呼吁祖国政府抗日。新加坡华侨、厨师刘石满阅报得知日本侵略祖国，残杀蹂躏东北同胞，满腔怒火，当即提屠刀闯入一家日人商店，提出一血淋淋的日人头颅跑到街上示众，高呼"中华民国万岁，万万岁！"后被当地政府判处死刑。刘的举动虽属鲁莽，但反映了华侨痛恨日本侵华、深切同情祖国同胞的悲愤心情。

旅居欧美的华侨也对日本侵华表示抗议。美国各大城市的各界华侨纷纷集会，联名通电声讨日本侵华，敦请国际联盟主持公道、制止侵略，要求国民党政府抗日。比利时华侨专门召集代表会议，成立反日救国会。英国伦敦华侨团体发表宣言书，吁请世界各国谴责日本侵略行为，指责张学良对日不抵抗。

当华侨得知马占山在东北组织义勇军抗日的消息，非常兴奋，菲律宾的马尼拉、印尼的三宝垅、越南的南定及古巴等地的华侨纷纷为东北义勇军捐款献物，以示支援。美国纽约的华侨报刊连续报道马占山抗战的消息。

1932年1月28日，日本侵略中国东北的硝烟未散，又在上海燃起战火。驻守在上海的国民党第十九路军在蔡廷锴、蒋光鼐的领导下奋起抵抗，一·二八淞沪抗战爆发。第十九路军淞沪抗战的消息传到海外，各地侨胞欢欣鼓舞。越南堤岸侨办《群报》用《蔡廷锴大胜日军》的特大号标题，报道淞沪抗战消息，并在报社门前鸣放鞭炮以示庆祝。其他侨胞闻讯，亦纷纷燃放鞭炮，一时鞭炮声响遍整个堤岸市。美国旧金山、芝加哥等大城市唐人街龙灯飞舞，锣鼓喧天，热烈庆祝第十九路军上海抗战。各地华侨函电交驰，贺电、祝捷电、慰问电如雪片一样，带着海外亲人的深情厚意从欧、美、亚各地飞向第十九路军指挥部。

与此同时，各地华侨再次大规模掀起了捐款献物

热潮。据第十九路军司令部统计，当时总计收到捐款
1068 万元，其中华侨的捐款为 801 万元，占总数的
3/4。美洲华侨特赠送镌刻着"精神救国"四个闪光大
字的金匾给蔡廷锴；有位华侨将一枚镶嵌着椭圆形宝
石的戒指托人赠送给蒋光鼐。菲律宾华侨捐赠飞机，
加拿大华侨捐赠钢盔……

淞沪战斗紧张进行之际，一支由 200 多人组成的华
侨抗日救国义勇军在周晖甫的率领下前来参战，并向全
国人民发出慷慨激昂的通电："痛祖国之沦亡"，"挽狂
澜于既倒"；誓同全国人民"共赴国难"，"小不丧军人
之人格，大不失中华之寸土，有死而已，他无所愿"。
通电激昂雄壮，字里行间闪耀着爱国主义的光辉！

华侨义勇军在前线是"最勇敢、最有功勋者"，在
后方"所受的苦痛亦最多"。他们在战斗中英勇顽强，
有的血洒淞沪战场。日本归侨余香进，偕同华侨刘兆
祥等人回国参加淞沪战斗，在为前线押送作战物资时，
途遇敌机轰炸，同行者早已远避，而他始终不离职守，
粉身疆场。美国加州归侨黄毓荃，早年在美国航空学
校学航空工程和飞行技术，回国后相继在广东空军、
中央空军服役。淞沪抗战爆发时，他还未度完新婚蜜
月，即驾机与战友在上海真茹上空与日本空中强盗展
开战斗。1932 年 2 月 6 日，成批日机又来轰炸真茹机
场，他再次驾机迎敌，当飞机升空爬高时，因操纵系
统的钢丝断裂，飞机失控坠地，机毁人亡，时年 28
岁。余香进、黄毓荃等是最早为祖国抗日而英勇献身
的华侨烈士。

广大华侨愤怒谴责日本侵华，以各种形式支持东北义勇军和第十九路军抗日，拉开了支援祖国抗日的帷幕，为全面抗战爆发后华侨开展更大规模的抗日救国运动奠定了基础。

侨众抗日大联合

抗战爆发前的华侨社会，各立门户，一盘散沙。美洲华侨中堂号林立，姓氏组织众多，封建思想严重，堂战不止，械斗不休；南洋华侨社会帮派林立，地域组织甚多，宗法思想浓厚，矛盾重重；欧洲华侨内部复杂，常闹隔阂。但是抗战爆发后，广大华侨社会发生了翻天覆地的变化——在共同挽救民族危亡的基础上，他们化干戈为玉帛，日益趋向团结统一。可以说，抗日救国、共同的民族利益是力量巨大的磁场，把全世界华侨强烈地吸引、凝聚在一起。

九一八事变后，欧洲各国华侨纷纷建立抗日爱国救亡团体，例如：法国由原来的几个侨团联合成立华侨抗日救国联合会；旅英各界华侨联合成立抗日救国会，工商学各界又分别建立了各自的救国组织；德国华侨抗日救亡运动经过曲折发展，也最终成立了旅德华侨抗日联合会的统一组织；瑞士华侨成立抗日救国会；比利时成立旅比华侨抗战后援会。成立救国华侨团体的还有意大利、荷兰、苏联等国。这些华侨团体虽然历史各异，成分不同，但均有相同的思想基础，皆以抗日救国为最高目标。

1936 年底，中国共产党派吴玉章到法国巴黎创办《救国时报》，作为中共的喉舌，无情地揭露日本侵华的暴行和野心，广泛进行抗日民族统一战线宣传，积极联络欧洲华侨并报道他们爱国活动的消息。与此同时，国内爱国民主人士陶行知、陈铭枢、黄琪翔、胡秋原等来到欧洲华侨中，开展宣传和发动工作，倡议召开欧洲各国侨胞抗日救国大会，得到各国华侨的热烈响应。

欧洲各国华侨抗日救国思想的发展和成熟，《救国时报》对中共团结抗战主张的宣传以及民主人士的发动等多种因素的合力作用，使欧洲华侨大团结的时机成熟了。

经过酝酿和认真的准备，1936 年 9 月 20 日，在法国巴黎圣日耳曼 184 号大礼堂，英、法、德、荷、瑞士等国家的华侨代表和外国友人 450 多人济济一堂，召开全欧华侨抗日救国联合会成立大会。未派代表的比利时、苏联、意大利等国的华侨皆向大会致函祝贺。与会的代表有共产党、国民党、中华民族革命同盟、西南派等政党派别，有工、商、学、政、军、医和新闻记者等各职各业。这是欧洲华侨盛况空前的大会。多名代表在会上作了演说、报告和发言。大会的目的在于团结旅欧侨胞，支持抗日运动，促进祖国团结抗日。大会发表了《宣言》和《会章》，阐明了欧洲华侨对抗日救国的各项主张。

全欧华侨抗日救国联合大会的召开及全欧华侨抗日救国联合会（简称全欧华侨抗联会）的成立，使欧洲华侨在抗日救国的旗帜下实现了空前的大团结。国共两党及其他党派的华侨在这次大会上开诚相见，握手言欢，为国内的团结抗日作出了表率。

随着国内抗日救亡运动的不断高涨及华侨抗日救国觉悟的提高，南洋各地的华侨救国团体也如雨后春笋般不断出现。新加坡、马来亚的侨团多达 207 个。七七事变后的半个多月内，菲律宾华侨成立各种爱国团体多达 367 个，全菲共有 49 个省，只有两个省未建立华侨团体。1937 年 8 月，缅甸华侨成立抗日救国的最高机关——缅甸华侨救灾总会。在该会的带动和影响下，不及一月，相继建立 130 个侨团。越南华侨成立了南圻华侨救国总会，该会在越南各地建立分支会 35 个，受其领导和影响的侨胞有 10 多万人。印尼华侨在巴达维亚成立华侨捐助祖国慈善事业委员会，该会下属团体达 110 多个。东南亚各国纷纷建立华侨救国组织，有着共同的救国目标，全南洋华侨的团结统一势所必然。

1938 年 10 月 10 日，由印尼侨领庄西言、菲律宾侨领李清泉发起，由新加坡著名爱国侨领陈嘉庚主持领导，在新加坡南洋华侨中学礼堂召开南洋华侨筹赈祖国难民总会（简称南侨总会）成立大会，与会的有新加坡、马来亚、菲律宾、印尼、缅甸、越南、泰国等国家的 45 个侨团代表共 168 人。大会的目的是"组织领导机关，增筹赈款，推销公债，以救济中国抗战中之难民"。大会公布了"组织大纲"，选举了领导机构，陈嘉庚被选为主席，庄西言、李清泉被选为副主席。会议发表了《南侨代表大会宣言》，全面提出了南洋华侨抗日救国的主张。

南侨总会的成立，是全体南洋华侨抗日救国大团结的标志，是继全欧华侨抗联会后，华侨跨国跨地区的又一个最大规模的抗日救国的最高团体。此后，南洋各地 80 多个华侨筹赈会、1000 多个分会在南侨总会的领导下，开展了轰轰烈烈的抗日救国活动——从该会成立到 1942 年初南洋沦陷前，发动华侨为祖国抗战捐款并多寄侨汇，平均每年达国币 10 亿元左右，此外还有大批作战物资；派遣 3200 名华侨机工回国到滇缅路运输作战物资；组织数十个回国服务团及慰劳团；创办数十种报刊，采取各种形式宣传祖国抗战活动；在政治上掀起大规模的声讨汪精卫叛国投敌运动，坚决维护祖国团结抗战、反对分裂；等等。南侨总会对祖国抗战事业，贡献至大。

在大洋彼岸的美洲大陆，各国华侨也纷纷成立抗日救国团体。其中最大的为旧金山的旅美华侨统一义捐救国总会，在美洲各国建立 47 个分会。该会向全美华侨提出了"把一切捐献祖国，拥护抗战到底"、"逃避义捐，非我族类；捐款不力，不算爱国"的行动口号，并将这些口号落实在行动上。

致公堂组织及其成员遍布全美洲，在祖国和海外各地华侨抗日救国浪潮的推动下，也结束了百余年的堂斗，最终走向团结统一——1939 年 6 月 15 日，全美洪门致公堂所属 10 余国 223 处机关的代表齐集墨西哥城召开恳亲大会，会议宣布集全美 10 余万洪门侨胞力量，拥护祖国抗战，把抗战坚持到底；一致通过成立全美洲洪门总干部，由著名洪门侨领司徒美堂任监督。全美洲洪门总干部的成立标志着美洲华侨最终走向大团结。此外，大洋洲、非洲各国的华侨也都建立了抗日救国团体。

以欧、亚、美三大侨团为核心的 3541 个大小华侨团体，犹如天上的繁星，紧紧地把世界各地千余万广大华侨团结在抗日救国的旗帜下，在海外组成了一支浩浩荡荡的抗日救国大军，成为祖国抗战的一支有生力量。

 争先恐后捐款献物

辛亥革命时期，华侨踊跃捐款献物支持孙中山革命。抗战爆发后，华侨仍一如既往地捐款献物支援祖国抗日，而其捐献范围之广、规模之大、数量之巨远远超过辛亥革命，为华侨爱国运动史上绝无仅有，涌现出无数生动感人的事例。

侨领富商，不但是广大华侨抗日救国运动的组织者和领导者，而且是华侨捐款献物的带头人。著名侨领陈嘉庚，自 30 年代起他的企业越来越走下坡路，多数企业被迫关闭。但抗战一爆发，他就带头每月认捐 2000 元，并首先购买救国公债 10 万元。1941 年秋，他又捐助桂林儿童教养院 6 万元。在南侨总会成立大会上，他慷慨激昂地鼓动侨胞捐款说："悲观失望，见义不为，有钱不出钱，有力不出力，是对祖国的大不忠！"他的一番铿锵有力的演说激起了侨胞的爱国之心。

华侨巨贾胡文虎一次为祖国抗战捐款 200 万元，并购买 300 万元的救国公债，为华侨个人捐款最多者。他还捐献出一大批药品和药棉。为了宣传抗战，他出资 40 万元在香港创办大型侨报——《星岛日报》。

马来亚侨领陈棉生、吉隆坡侨领陈永、印尼侨领丘元荣等也各捐 50 万元之多。美国侨领谭讦、邝炳舜、司徒美堂等也带头捐献大笔款项。

抗日救国，匹夫有责。侨领大贾，率先垂范；一般侨众，争先恐后。在南京中国第二历史档案馆里，珍藏着一份当年国民政府褒奖侨民郑潮炯的档案，生动地记录着南洋北婆罗洲山打根卖瓜子的小贩郑潮炯为祖国抗战鬻子捐款的事迹。抗战爆发后，他沿街叫卖瓜子为祖国抗战捐款 7 次。后干脆舍弃小贩生涯，别妻离子，走遍当地 15 个城镇为国募捐 5800 多元。1940 年其父在家乡被日机炸死，他十分悲愤，因无力助赈，含泪将自己的幼子卖给邻居抚养，得乳金 80 元婆币捐给祖国，表现了一个普通华侨小贩伟大的救国牺牲精神。

在印尼坤甸，人们几乎天天看到一个腿残者艰难地爬向闹市区乞讨，其状可怜。后来人们得知：他是华侨马细旦，讨来的钱物都交给当地华侨慈善会捐给了祖国。人们不禁对他肃然起敬。雅加达华侨青年刘盛芳回国抗日牺牲疆场，政府给其父刘长英抚恤金 1 万元。老人得知后动情地给政府写信说，值此困难之际，"请将盛芳恤金，全部捐赠祖国，为抗战军费"。子是抗日英烈，父是救国义士。

在缅甸仰光某寺院里，有一名叫叶秋莲的中年侨妇削发为尼。她不是为信仰，也不为躲避情缘，而是在变卖全部家产及金银首饰，将所得 3 万元悉数捐给祖国之后，因生活无着而遁入空门的。毋庸说，在端坐的释迦牟尼面前，她是无愧的。

按祖国的传统习惯，男女青年结婚是人生中的大喜事，自然要花费操办一番。但南洋各地的一些华侨青年都觉得，祖国都要亡了，哪有心思在婚事上讲排场呢！他们纷纷捐出婚礼费给祖国。其中印尼 6 对青年侨胞捐出婚礼费 3 万元，表现出华侨青年的高尚爱国情操。

人老心红，爱国情殷。一些白发苍苍的华侨老人纷纷捐出自己有限的积蓄。侨居南非 40 多年 75 岁的老侨胞刘浮初，将平生所积蓄的养老金 5 万元捐给祖国抗日。澳大利亚美军华人服务营内有一年近古稀的华侨，将自己仅有的 300 金镑捐给祖国，并说："我老了行将入土，能以区区微金，贡献祖国，实是无上的光荣，死可瞑目矣。"泰国的黄俊卿、印尼的郑世深等老华侨临终之际仍惦记着有难的祖国，立遗嘱捐出丧葬费或部分遗产给祖国。

华侨儿童也表现出纯贞无瑕的爱国情感。菲律宾侨童陶恒久、英国伦敦 4 岁侨童金约翰等纷纷捐出自己积攒的零钱给祖国。美国 5 岁的侨童李锦麟口齿伶俐，善用英语演讲，为祖国演讲募捐 5 万元。祖国在华侨儿童的幼小心灵里是虚幻的，但又是实在的，是那样的神圣和崇高！

一个个闪烁着爱国主义光辉的真实而动人的事例，举不胜举。在这潮涌般的献金队里，分不清谁是穷人，谁是富商，谁出自豪门，谁来自社会的底层。这白发苍苍的老人，这刚刚懂事的儿童，他们托着钱币的手是那样的坚定，心情是那样的急切。捐款的方式有结婚献金、祝寿献金、丧葬献金、卖花捐款等几十种。

南京中国第二历史档案馆所藏国民政府侨务委员会、财政部有关当年华侨捐款的档案汗牛充栋。一卷卷发黄的档案，一串串闪光的数字，它告诉我们：战时全世界1000万华侨，有一半为祖国捐过款，捐款总数达13亿多元，购买救国公债11亿多元（这些救国公债后来大多无偿地捐给祖国）。这些用血泪和汗水浇铸的沉甸甸的巨大数字，是海外赤子无私报国的巨大奉献，是战时祖国财政上的重要补充，是华侨向祖国捧出的一颗颗赤诚之心！

旷日持久的抗日战争是一场大规模的拼消耗、拼实力的现代化战争，使祖国付出了巨大的物力财力。广大侨胞在捐款的同时，毫不吝啬地捐献出大宗物品。截至1942年，各地华侨为祖国捐献飞机217架。菲律宾各行各业侨胞献机活动十分踊跃，他们捐机50架。1939年6月，4架"缅甸华侨"号战斗机在重庆上空与敌空战立功，旅缅侨胞闻讯兴奋异常，再度献机10架。

据中国人民抗日战争纪念馆陈列资料记载：战时

美洲华侨捐救护车 200 辆；马来亚、缅甸华侨分别捐献卡车 200 辆和 100 辆；越南华侨捐铁甲车多辆。到 1940 年 10 月，华侨捐献坦克车 27 辆，救护车 1000 多辆，卡车数百辆。

国内前线将士扒冰卧雪，海外同胞捐衣献被温暖身心。到 1940 年，南侨总会发动南洋华侨捐献棉衣、棉被 700 多万件（条），夏衣 30 万套，军用蚊帐 8 万床。其他各地华侨也不甘落后，加拿大华侨捐高级毛毯 3000 条，新西兰华侨捐毛织品 30 大木箱，重达 10 余吨，毛里求斯华侨捐衣 50 包。

日本侵略者烧杀掠抢残忍无道，祖国军民伤亡惨重，救死扶伤急需大量药物。海外侨胞雪里送炭，及时捐送大宗药品和医疗器械。印尼华侨捐献治疗疟疾的特效药金鸡纳霜 1 亿多粒，够 500 万人服用。菲律宾华侨捐凡士林油膏 15 万磅、防疫浆苗 100 万剂、救伤袋 10 万个及大量防毒面具。到 1940 年夏，美国华侨捐药品 1600 万个单位，够 80 万伤病员 1 个月之用。瑞士华侨捐药品 1146 包，医疗器材 183 件。毛里求斯华侨捐一批药品和 X 光镜一架。此类事例多不胜举。

更为动人的是还有些侨胞为祖国抗战献出滚烫的热血。印度侨胞建立中国血库，为滇缅远征军伤员供血；纽约建有"华人血库"。

华侨捐献的大宗物资，是海外赤子以自己的辛酸血泪、拼死拼活得来的劳动果实，是华侨热爱祖国、抗击日本侵略者、支援祖国长期抗战的重要物资来源之一。它部分地奠定了祖国抗战胜利的物质基础。

123

4 滇缅路上的神勇奇兵

国内军民以血肉筑长城,海外侨胞以血汗救灾黎。海外华侨除了捐款献物支援祖国抗战外,还派出自己的亲人万里迢迢回国参战。当时归侨医疗队、慰劳团赴络绎不绝,相望于道。缅甸华侨救护队、义勇工程队回国服务,南洋华侨记者通讯团回国赴战地采访。至今健在、曾任新加坡《星洲日报》记者的黄薇女士,当年漂洋过海,闯过层层封锁,冒着炮火硝烟,回到祖国战地采访,到过延安、华北前线和重庆等地,受到毛泽东、周恩来及国民党政府军政要员的接见和称赞。

参加过辛亥革命的老华侨邓宏顺组织 10 名老人组成步行慰劳团回国,徒步赴湘、赣、粤、桂、川各省慰劳。

1940 年 3 月 26 日,陪都重庆党政军民各界许多人守候在重庆机场。人们手举小旗,打着"欢迎策动输财出力的侨胞领袖"的横幅。飞机降落后,欢腾的人群立即涌向飞机,与风尘仆仆走下飞机的陈嘉庚、庄西言、王振相等南洋侨领握手。这是人们欢迎南侨总会组织的大规模回国慰劳团的场面。45 位侨领富商归国后组成 3 个分团,历时几个月走遍 17 个省,出没于充满炮火硝烟的前线,走进血迹斑斑的战地医院,参观了繁忙的厂矿、农村、机关。所到之处,人们备受感动。6 月初,陈嘉庚等 3 人莅临延安。

在川流不息的归国人流中,尤其值得大书特书的是从南洋各地回国赴滇缅公路为祖国抗战运输战略物资的大批归侨机工。

全面抗战爆发后，我国东南沿海大部沦陷，对外的海陆交通线均被日军切断。祖国西南边陲临时抢修的滇缅公路，穿越崇山峻岭，崎岖难行，成为战时我国对外畅通的唯一一条重要的国际交通线，被誉为祖国抗战的"生命线"。在缅甸仰光、曼德勒、腊戌，囤积着大批急待运回祖国的作战物资，但国内缺乏技术娴熟的驾驶、机修人员，致使这条公路事故甚多，"生命线"又被视为"死亡线"。

紧急时刻，南侨总会应祖国之邀，严格考选招募3200名优秀华侨司机和修理工（统称华侨机工），回国到滇缅路运输战略物资。从1939年初起，南洋各侨居地掀起了送子送郎回国服务的热潮。

每位回国的机工都有一段生动感人的故事。新加坡有位从事修理工作20多年的华侨师傅，每月薪金200多元，听到南侨总会的号召后，自动报名，并招七八个徒弟自备修理工具回国。而国内发给他们每人只是日益贬值的30元国币。像这样薪水丰厚、生活富裕、技术娴熟的华侨，毅然回国，图的是什么呢？这完全是出于爱国之心。泰国华侨青年蔡汉良，开车修车兼长。他得知祖国的征召后，背着家人去报名，恰巧碰着和他要好的一位侨商，劝他留下与自己的爱女成婚，并要给他一笔钱做橡胶生意或开运输公司。国难当头，哪有心思结婚、赚钱？蔡汉良放弃了这些，毅然回到战乱的祖国。

在归侨机工的行列中，竟然有"当代花木兰"的巾帼英雄，1939年女扮男装回国的马来亚槟城华侨李月美就是其中的一个。她当时是瞒着父母、穿着弟弟的衣服以一个铁血男儿的身份报名回国的，竟然没有被发现。回国后她被分配到贵州红十字会当司机，后因公在滇缅路发生交通事故身负重伤，幸被南侨机工杨维铨救出送进医院，康复后在滇缅路当"白衣天使"，并与杨结为伉俪，被传为佳话。何香凝女士为彰其爱国事迹，特为其赠题"巾帼英雄"四个大字以为纪念。马来亚另一女侨胞贺玉兰，刚刚结婚，还未度完蜜月，得知祖国的征召后，即和丈夫双双回国，把丈夫送上滇缅路后，自己则到东江抗日前线。

现任云南南侨机工联谊会会长、身材壮实高大的杨保华，当年也有一段动人的故事。当他得知祖国征召为抗战运输战略物资机工的消息时，不顾家里的阻挠而毅然报了名。他的干妈为了拴住他，在没有征得他本人同意的情况下，仓促为其订婚，出发时未婚妻一直送到码头。进入国门后，杨保华和战友们一道紧张地抢运战略物资。一次在行车途中突遇暴雨，道路被冲垮，他们在半路上被困一个多星期，幸被当地居民发现将他们救出。

在昆明，不少人知道老机工韩利丰有两个妻子，但大家知道这是半个世纪前的抗日战争造成的。当年韩利丰高唱"救国歌"，告别妻女和战友们回到滇缅路运输军用物资，太平洋战争爆发后，侨居地被日军占领，老韩十分担心妻女的安全，后来多方联络仍杳无音信。他绝望了，遂娶一云南姑娘为妻。几十年以后，老韩获悉原来的妻子还在世（女儿已过早去世），在第二个妻子的支持下将前妻接到云南。1991 年 9 月，韩利丰和他的两个老伴悲喜交加、泪流满面地在云南昆明相会。

滇缅路上烟尘滚滚，"华侨先锋运输"等 6 个大队是该路运输的主力，组成了一支钢铁运输大军。从 1938 年至 1942 年滇缅路被日军截断这段时间里，在滇缅路上运输的车辆共 3000 多辆，其中南侨机工驾驶的车辆即达 1/3 以上。在南侨机工投入运输前，从滇缅路运回的物资每月仅 1000 吨，而南侨机工投入运输后，每月运回的物资增加到 10000 吨，两者相差 9 倍。经南侨机工运回国的战略物资共达 45 万吨之多。这些数字说明了南侨机工对祖国抗战作出的巨大贡献。

崎岖滇缅路，运输多艰难。在这里行车，人人要闯过四道"鬼门关"。一是瘴疟关。当地古来即有"要下瘴疟坝，先把老婆嫁"的民谣。这里疟蚊猖獗，毒虫猛兽遍地，随时都有传染上恶性疟疾的危险，"十人得九人死"。二是雨水泥泞关。滇缅路上险情多，晴天雨天均难行。晴天，车轮过处尘土滚滚如长龙。雨天，泥水四溅处处有险情——轻则陷轮打滑，泥潭越滑越深；重则泥土剧下塌方，车毁人亡。三是险路、险情关。滇缅路既要穿越崎岖的重峦叠嶂，又要由顶峰绕达江边谷底。下河谷，爬大山，下有深邃难测的万丈深渊，上有危悬欲坠的巨石，十分艰险。四是日机轰炸关。日本为切断、堵住这条中国对外交通的"大动脉",不分昼夜狂轰滥炸。这四道"鬼门关"无情地夺去千余名归侨健儿的生命。有的粉身碎骨,有的未留下名字。

马来亚侨工蔡世隆,染上高山疟疾,长眠于芒市,年仅26岁。第13大队分队长、新加坡机工符气簪带队出车,途经保山至永平的险路时翻车滚入峡谷身亡。南京中国第二历史档案馆有一张国民政府表彰新加坡侨工吴再春的档案,内容十分感人。它真实地记录着当年吴再春驾驶着货车至龙陵时,发生故障,既无修理工具,又值大雨剧寒,他本可离车暂避,但为保护军火而始终不肯离开,最后竟被冻死。青山埋忠骨,英烈垂青史!

抗战胜利后,侨居地的华侨为纪念自己的亲人,分别在马来西亚的槟榔屿、雪兰莪、吉隆坡义山亭等处建立几座高大的纪念碑。祖国也没有忘记赤子的功勋,经过时世沧桑后,1989年5月,即南侨机工回国抗战50周年,云南省人民政府为表彰南侨机工的光辉历史功绩,激励后人,特树立"南洋华侨机工回国抗日纪念碑"。其中一段碑文写道:

南侨机工沐雨栉风,披星戴月,历尽千难万险,确保了这条抗日生命线的畅通,被誉为"粉碎敌人封锁战略的急先锋"。在执行任务中,有一千多人因战火、车祸和疫疠为国捐躯……他们以自己的生命、鲜血和汗水,在华侨爱国史上谱写出可歌可泣的壮丽篇章,也在中国人民抗日战争史和世界人民反法西斯战争史上建立了不可磨灭的功勋。

海外飞回的雄鹰

开展航空救国运动，是华侨支援祖国抗战的又一重要内容。九一八事变爆发不久，美国旧金山、波特兰、纽约、洛杉矶、芝加哥、底特律、匹兹堡、檀香山及加拿大等地的华侨，就纷纷组织航空学校或航空学会，开展各种形式的航空救国活动。其中成绩卓著者为波特兰的美洲华侨航空学校和旧金山的旅美中华航空学校。

美洲华侨航空学校是俄勒冈州波特兰市华侨于1931年10月发起建立的。该校先后招收两届学员共36人，有32人回国服务。其中黄泮扬、陈瑞钿等4人后来升为中国空军大队长，成为抗战时期著名的空军英雄。1933年该航校因经费困难停办。同年3月，旧金山华侨成立旅美中华航空学校，到1941年航校解散，8年共招三期学员，学成归国的空勤人员70多人。这两所航校为抗战输送了一批有影响的华侨空军人才。

美国其他华侨航校或航空组织也为祖国培养输送一批空勤人才。据美国华人学者麦礼谦统计，抗战期间仅美国归国的华侨飞行员（不包括地勤人员）就有200人左右。战时菲律宾归国抗战的空勤人员不下百人。1940年夏，国内招考空军，越南华侨回国报考者有145人，另有30名华侨青年被送进当地飞行学校学习，准备回国效力。

海外华侨创办的航空学校不仅成为为祖国抗战培养空勤人才的摇篮，而且在与日本空军血战中，涌现出众多的保卫祖国领空的华侨英雄。

1937年8月在南京句容的中日空战中，日军首次出动自称为王牌的木更津轰炸机队，由台湾起飞，每次9架分两批远航偷袭南京、句容、杭州等中国空军基地。我国空军迎头阻击，出战飞机以陈瑞钿、黄泮扬、黄新瑞、雷均炎、苏英祥等归侨飞行员为主力阵容，击落敌机6架，自己无一伤亡，取得了开战以来的空前大捷，名声大振。为纪念这个辉煌战果，8月14日这一天被国民政府定为空军节。

不少归侨飞行员在对日空战中，勇猛杀敌，表现出色。陈瑞钿在对日空战中骁勇异常，次次打先锋，阵阵当英雄。"八一三"开战时他就在淞沪上空迎敌，接着又参加句容空战。1937年9月19日，在山西太原空战中，他表现更加非凡，一人驾机与日军多架飞机周旋，在飞机受伤的情况下还将一架敌机击落。而这架被击落敌机的驾驶员是日本的一名航空大队长，曾在中国任过飞行教练，技术娴熟，枪法亦准，有"驱逐之王"的称号，这次却败亡在陈瑞钿的手下。陈机亦受伤坠落在一所中学的房顶上，幸无着火爆炸。他当时已满脸鲜血，左臂中弹，处于昏迷状态，被一教师救起急送医院抢救。伤愈后又参加粤北空战，在队友的配合下，迫降日机一架，俘虏日军飞行员。1938年5月，陈瑞钿又参加武汉空战，是役他一人击落敌机3架，当与第三架敌机较量时，陈机受伤，弹药耗尽，他奋力一冲准备撞毁敌机，敌机胆怯企图逃跑，结果躲闪不及，两机相撞坠地，而陈瑞钿以其高超的技术在相撞的刹那间跃空跳伞成功。后来在昆仑关空战中他脸部烧伤甚重，被迫回美国医治。陈瑞钿在各次战斗中一人共击落敌机6架，因作战勇敢被誉为"中华战鹰"。美国俄勒冈州航空博物馆珍藏着他的战争纪录。

我国空军的另一员"虎将"、大队长黄泮扬，也是美国归侨。他小时在美国耳闻目睹国弱民穷，自己的同胞在海外受人欺辱的现实，立志学习航空救国，将地球踩在脚下，为中国人争口气。1931年底当波特兰美洲华侨航空学校招生时，未到规定年龄的黄泮扬被拒之门外，后经再三恳求，学校破格录取他。他学成后回国在空军中服役，抗战爆发后辗转南京、汉口、广州、重庆等各地与日军空战，立下赫赫战功，被提升为大队长。

出生于印尼邦加岛的广西籍华侨吕天龙，抗战爆发时任中央空军第三大队某中队长。1938年参加襄樊、汉口等地的对日空战，尤其在台儿庄会战的空战中，他率队并同其他空军一起轰炸徐州以北枣庄、峄县一带日军后续部队，有力地配合了地面陆军作战。胜利返航时又击毁一架日军侦察机。而他的左掌被击穿，仍以惊人的毅力，用右手驾机返回机场，飞机着陆后，他的力气用尽，在昏迷中被人抬送医院。这位华侨空中英雄的果敢和勇气，使很多人都十分敬佩。

华侨空中勇士谢全和，也是印尼华侨。抗战开始后，他参加国民政府广东空军驻防广州，与队友在广州上空与日机较量，击落敌机 2 架。接着，谢带领 4 架飞机与敌机 30 多架展开激战，谢机被击中七八弹，仍顽强战斗。在韶关战斗中，谢与战友再次击落敌机 1 架。1938 年徐州大会战，他与战友到徐州蒙城以东拦截轰炸日军坦克辎重车队，经过猛烈轰炸，使拥塞在公路上的日军车马乱作一团，有力地配合了陆军作战。此后，他又在广东境内参加多次空战，战绩突出。

1939 年 7 月 25 日凌晨，山西运城华北日军机场，突然爆炸声轰鸣，30 多架日机顷刻淹没在火海之中。加拿大归侨飞行员马俭进是这次我军 3 架飞机远程奇袭的参加者之一。菲律宾归侨飞行员刘领赐多次参加对日空战，30 多岁了，为保卫祖国一再推迟自己的婚事。美国归侨雷均炎、印尼爪哇足球健将陈镇和等人都为保卫祖国领空立下了汗马功劳。雷均炎后来晋升为空军上将。

抗战期间，华侨飞行员中还涌现出了几位"女飞将"。20 年代上海滩走红的女影星李霞卿，后来到美国学航空，抗战爆发不久，她在美洲各地为祖国抗战作飞行表演募捐时，飞机失事遇难。女华侨张瑞芬，早年在美国学航空时已是两个孩子的妈妈，但她技艺超群，是第一个获得美国飞行执照的女飞行员。抗战爆发后，她驾机飞遍美国侨居区进行抗日宣传和募捐，后被誉为中国"航空女杰"。

为了抗击日本空中强盗，不少归侨飞行员血洒蓝天。1940 年 5 月中下旬，中日空军在成都上空连续展开几次大空战。身经百战的马来亚归侨林日尊几次驾机迎敌，重创 3 架日机后，他的双腿及飞机受重伤坠毁身亡，履行了他生前留下的誓言："我等既身为军人，生死已置之度外，若为民族国家不幸战亡，亦为无尚（上）之光荣。"

在南京紫金山北麓的抗日空军烈士公墓里，安放着印尼万隆归侨梁添成的灵牌。1939 年 6 月 11 日，日机空袭重庆时，正在家度蜜月的梁添成主动请缨迎敌，不幸血溅长空，献出了自己年轻的生命。

与日军空战血溅碧空的还有马来亚归侨陈桂林兄弟。抗战爆发前夕，陈桂林、陈桂文兄弟被父亲送回祖国学航空。战争爆发后，兄弟俩双双参战。1940 年，在一次成都空战中，陈桂林在敌多我少的劣势下，仍勇敢沉着地与敌机较量，最后机毁人亡。陈桂文后在昆明空战中捐躯。父亲得知两个儿子先后牺牲的噩耗后，只是怀着极大的悲痛将两个儿媳和孙子接回马来亚。

美国归侨、我国空军某部大队长黄新瑞，参加过数十次对日空战，一人击落日机 8 架。1941 年 3 月 14 日 11 时，大群日机来空袭成都，黄新瑞离开临产的妻子，率队驾机迎敌，击落 6 架敌机后，壮烈殉国。不久其妻生下一个男孩，为纪念其父而起名"川生"。

抗战时期为祖国空战而牺牲的华侨还有关孟祝、李艺空、张益民、刘福庆、梁松宁、王文星、岑庆赐、刘铁树、泥桐植、蒙文森、苏英祥等多人。他们为保卫祖国血溅长空，立下了不朽的功勋；他们为民族解放事业英勇献身的爱国精神"亘千秋而不朽，历万古而常昭"！

6 为抗日救国献身的蚁光炎

抗战期间，在广大华侨开展的抗日救国运动中，涌现出一些典型的爱国侨领富商，他们在广大华侨中的比例虽小，但起到了组织者、领导者和先锋带头的作用，影响和带动了整个华侨社会。

坐落在新加坡市区的怡和轩，是当年南侨总会的大本营。年届七十的南侨总会主席陈嘉庚一年365天日夜在这里为祖国抗日操劳，他抛下自己的生意，甚至过年也不肯与近在咫尺的家人团聚，家人只好带着礼品前来看他。他亲自带头并广泛发动广大华侨捐款献物，发动华侨青年回国抗日，亲自组织南洋华侨回国慰劳团，万里跋涉回国慰劳。

70多岁高龄的美国致公堂侨领司徒美堂老人，抗战爆发后辞去一切职务，专门负责纽约筹饷总局的工作达5年之久，每天10时上班，深夜12时下班，每日工作长达十四五个小时。他侨居美国有很长时间没有回国了，但为了慰劳和宣传祖国抗战，他迢迢几万里三次往返中美两国。1941年底回国经香港时，适值太平洋战争刚爆发，日军占领香港，驻港日军头子拉拢他出任"维持会"会长，被他断然拒绝。在洪门会党的帮助下，他化装冒险离港，不顾腿跛拄着拐杖步行二三百里转入我东江游击区，最终脱险抵渝。

菲律宾侨领李清泉，得知九一八事变发生，东北不久沦亡的消息后，立即发动华侨组织"国难后援会"，援助东北义勇军和第十九路军抗战。七七事变以后，李清泉出任"菲律宾抗敌委员会"主席，到1940年止，该组织在他的领导下，发动全菲华侨为祖国捐款菲币1100多万元。他本人带头认购救国公债40万元。他还利用自己的影响发动侨胞抵制日货，并和印尼侨领庄西言发起组织南侨总会。由于他为支援祖国抗日操劳，使原来患有的糖尿病加剧，到美国医治无效，于1940年8月27日病逝，临终之际留下遗言，将10万美元遗产捐给祖国用于抚养难童。

印尼巴城中华总商会主席、侨领丘元荣，积极发动印尼华侨捐献药品，自己首捐10万粒金鸡纳霜以身作则。1940年8月，丘母八旬生日，不少人前来祝寿。他当众宣布，将用祝寿的费用1万元捐助祖国抗战，并把亲友送来的祝寿礼折国币20万元悉数捐给祖国。1941年4月，他回国又慨捐国币10万元。从七七事变到1941年，丘元荣个人为祖国的各种捐款合计国币50万元。全印尼华侨在他的带动和影响下，捐款献物合国币达1亿元之多。他堪称印尼华侨抗日爱国的典范。

抗战期间，泰国是东南亚地区唯一主权独立的国家，但泰国政府亲日排华，压制和摧残华侨的抗日救亡活动。泰国著名侨领、巨商蚁光炎就是在这种艰难环境下率领侨胞开展抗日救国活动，并为此英勇献身。

日本大举发动侵华战争后，身为泰国中华总商会主席的蚁光炎率先奋起号召侨商、侨贩抵制日货。日本人惊呼，"华人在暹罗的排日可说由划子（驳船）罢工起首"，使"日本对暹罗的贸易影响颇巨"。由于蚁光炎发动和带头抵制日货，日本与泰国的贸易值从1937年9月的630万日元降到1938年4月的270万日元。蚁光炎的抗日爱国活动一开始就遭到日本特务的注意和忌恨。

蚁光炎积极为祖国抗战发动侨胞捐款献物，并派遣华侨青年回国抗日，他兼任全国劝募公债泰国分会副会长，领导华侨为祖国捐款共达600多万元。他常用这样一句话激励广大侨胞："我们都是中国人，救国人人有责！"为保证祖国西南运输线滇缅公路畅通，蚁光炎带头捐献卡车并发动华侨司机回国运输。更可贵的是，他曾托人运送两辆救护车和大批药品转交香港中共八路军办事处，并多次汇款到香港华比银行给宋庆龄、廖承志转捐八路军、新四军。他还以泰国中华总商会的名义，发公函介绍一些爱国华侨青年到延安工作和学习，当时有不少泰国归侨青年战斗生活在延安，与蚁光炎的支持是分不开的，这表达了这位爱国侨领对中共及其领导的军队的支持。

1939年5月，蚁光炎回国赴广东韶关参加广东省参议会第一次会议。他虽已是年逾花甲的老人，但仍在广东各地奔波慰问难民，赴香港与银行界商洽疏通侨汇事，与何香凝、廖承志亲切会晤，共商救国大计。继之又离港飞渝，向国民政府反映侨情，提出"加强抗战，开发西南"的积极建议，并捐款2万元做抗日军费。接着他又赴川、滇等地考察，以便劝导海外侨胞回国投资。他自己带头在云南边境佛海投资兴建垦殖场，第一期建场费为10万元。回国5个月，行程迢迢，备极辛劳。10月，蚁光炎返回曼谷，不顾"眼疾甚剧"，满腔热情地向中华总商会和侨胞们宣传祖国抗战，号召侨胞回国投资。

蚁光炎抗日爱国坚决，始终站在华侨爱国救亡运动的最前线，功劳卓著，在侨胞中享有很高的威望。因此，日本在泰国的特务将其视为眼中钉，必欲除之而后快。日本特务先是挑拨蚁光炎与当地政府的关系，并动摇他的抗日立场。接着大汉奸汪精卫派妙龄貌美的"女代表"以色相勾引，要他停止抗日活动，遭到他的痛骂。后汪再派走狗陈春木与蚁光炎讲条件，企图用重金交换，使其放弃抗日的主张及行动，并威胁如不答应将采取强硬手段。但蚁光炎不为所动，当场痛斥汉奸并把他赶走。

威胁利诱不成，日本在曼谷的特务机关加紧收买汉奸布置暗杀行动。风声紧急，形势险恶。当时有人劝告他："因为带头抗日，汉奸会下毒手，往后尽量少出门，特别晚间不要出门，可免的活动尽量免了。"但蚁光炎认为，中华民族正危难，赴汤蹈火义难辞。他坚定地说："职责所在，何能辞卸！""若为国家侨社之事，则何处非险地，大义所在，余岂敢以性命自私乎？"

1939年11月21日晚10时30分，蚁光炎偕夫人去看望朋友，在一家戏院门前准备上车时，潜伏在附近的凶手突然窜出，对蚁光炎连击4枪，蚁随即倒地，在被送往医院的途中，由于伤势过重、流血过多，呼吸越来越短促。在弥留之际，他以微弱的声音给夫人留下这样一句遗嘱："我虽死，尔等免用痛心，中国必定胜利！……"遗嘱语言不多，声音微弱，但分量很重。被送到医院半个小时后，蚁光炎的心脏停止了跳动，他是为祖国抗战而献身的一位著名爱国侨领。

惊闻蚁光炎遇害的消息，侨界惊骇，前往医院瞻仰遗体的达数千人，举行泗水礼及大殓时也有数千人参加。泰国中华总商会为他举行公祭典礼之日，6000多名侨胞前来参加。当天公祭大会由门口到礼堂的中间通道上"铺一白布，上绘斑斑血迹"，意为一个人倒下去，千万同胞站起来，踏着烈士的血迹前进，继承未竟的抗日救国事业。11月底至12月，香港同胞和南洋各大都市的侨胞也先后为蚁光炎举行隆重的追悼大会。各国通讯社都转发了蚁光炎遇害的消息，唯独日本官方将"蚁氏之死"作为大喜讯，广播报纸大肆宣传，以示庆幸。

蚁光炎"尽瘁国事，劳怨不辞，故噩耗传来，国人惊震"。国内川、滇、粤等省各界得知这一凶讯，除驰电慰唁其家属外，纷纷召开隆重的追悼会。12月5日，国民政府明令褒扬爱国侨领蚁光炎，国民政府主席林森在褒扬蚁光炎的旌额上题写"爱国忘身"四个字。抗战胜利后至今，每逢蚁光炎殉难纪念日，泰华各界人士必往"蚁光炎纪念堂"致祭，足见蚁光炎是一位具有深远影响的爱国侨领，他的爱国精神不死！

报效抗日根据地

全面抗战爆发后，中国共产党执行全面的抗战路线，将华侨作为抗日民族统一战线的组成部分，为争取华侨援助抗战做了大量工作。1938年初，毛泽东在为马来亚华侨抗敌后援会代表团的题词中号召说："全体华侨同志应该好好团结起来，援助祖国战胜日寇。共产党是关心海外侨胞的，愿意与全体侨胞建立抗日统一战线。"九一八事变六周年之际，中共领导的中华民族解放先锋队新加坡队诞生，它在南洋各地的秘密队员达万余人，开展了一系列抗日救国活动。在延安中共中央还组织了海外工作团，由朱德任主任，工作团派出10余名归侨青年到东南亚各国开展华侨工作。1942年初在延安还建立了海外工作委员会，由朱德任书记，叶剑英和10多名归侨等任委员。1938年初，中共在香港设立的八路军驻香港办事处，是中共对外工作的窗口，对海外华侨也做了大量统战工作。中共对华侨做的这些大量工作，以及八路军、新四军英勇抗战，威震海外，鼓舞和振奋了海外华侨的爱国热情，他们身心向往，掀起了一股股支援抗日根据地的浪潮。

茫茫黄土高原，风卷黄土遮天蔽日，一座座就坡而建的窑洞阴暗潮湿；绿水环抱的南洋群岛，四季翠绿，椰荣草茂。两地条件、习俗、气候相差甚远。但在抗战时期，生活工作在优越条件下的南洋华侨青年，毅然回国和抗日根据地军民生活融合在一起。迢迢征途万里，重重障碍阻隔，滚滚烽烟弥漫，这些都难不倒他们投奔抗日根据地的决心。

1938 年 8 月，由马来亚柔佛华侨工人彭士馨率领的 10 多名青年，组成马来亚士乃司机服务团，行程 1.4 万里，历时 3 个月来到延安。1939 年，欧阳惠等 12 名泰国男女华侨青年，冲破国民党的阻挠，千辛万苦，历时一年，行程万余里，来到延安。还有不少"南洋小姐"和男同胞一样漂洋过海、翻山越岭，吃尽了她们生来未尝过的苦头，最终来到延安。仅延安女子大学就有 20 多名南洋华侨女学生，她们分别来自新加坡、马来亚、印尼、泰国、缅甸、越南等几个国家。一批批华侨青年，带着火热的激情，川流不息地奔向革命圣地。据调查，抗战时期来到延安的归侨青年有六七百人。他们当中有各种各样的人才——有在新华社从事新闻宣传的，有从事外事翻译工作的，有做人事组织工作的，也有从事文教卫生、财经金融工作的，还有保育员、饲养员、管理员、驾驶员（毛泽东的司机是马来亚归侨梁国栋）等等。

来到延安的归侨经受了艰苦的考验——冬夏在"露天教室"里学习，吃的是由小米锅巴做成的"列宁面包"、"三个月不知肉味"的白水煮菜，睡的是窑洞土炕，点的是冒着缕缕黑烟的土油灯。但在这样艰苦的条件下，这些过去娇生惯养的归侨青年没有叫苦的，没有哭鼻子的，更没有当逃兵的。他们在中国共产党的教育培养下百炼成钢，其中涌现出了八路军的优秀指挥员李林烈士，以及后来著名的炮兵司令黄登保、著名的剧作家白刃、中南海保卫局副局长罗道让等等。

活跃在大江南北的新四军中也有不少归侨健儿。仅所知道的就有：在军部各机关和直属队的归侨有70多人；经香港八路军办事处招募的华侨司机有146人；1942年4月，抗大"华中大队"毕业的归侨学员单独编成一队，全部分配到新四军中去；1937年10月，由华侨沈尔七、余志坚等率领的菲律宾华侨归国抗日义勇队28人回国参加新四军；1938年冬，由王西雄率领的菲律宾华侨慰问团一行23人回国慰劳，后全部参加了新四军。归侨在新四军中经过斗争锻炼，有些人成为优秀的指战员，诸如新四军政治部组织部部长李子芳、组织部青年科科长陈宜、二支队宣传队队长陈惠等烈士，以及敌工科科长陈子谷等都是优秀的归侨青年。

抗战爆发不久，广东的珠江和海南敌后活跃着两支归侨团体——东江华侨回乡服务团和琼崖华侨回乡服务团，他们在敌后开展各种抗日救亡活动，在政治上倾向共产党，后来不断遭到国民党顽固势力的迫害，最后大多参加了中共领导的东江纵队和琼崖纵队。据不完全统计，仅东江纵队中的归侨和香港同胞就有1000多人。东纵司令员曾生、琼崖纵队政治部副主任陈青山等，是抗战大军中的高级华侨将领，新中国成立后均被授予中国人民解放军少将军衔。

除了归国到各抗日根据地外，海外华侨还为各抗日根据地捐款献物，支援中共领导的抗日武装，部分地解决了根据地缺医少药的大问题。华侨为支援中共及其领导的抗日根据地作出了重要贡献。

七 历代政府侨务政策的演变

 从"海禁"到"护侨"

据史籍记载，早在唐代以前，我国就已有人侨居国外。但历代封建政府并没有把华侨事务提上议事日程，一直到清代，才正式制定有关侨务政策。

清王朝在建立全国统治的过程中，一开始便确定了严禁华工出国的政策。在其制定的第一部国家大法《大清律》中，明文规定："凡沿海地方奸豪势要及军民人等私造海船，将带违禁货物下海前往番国买卖……正犯比照谋叛已行律，处斩枭示。"顺治十八年（1661）又颁布迁海令，强令江、浙、闽、粤沿海居民内迁 30～50 里，商船、民船一律不准入海，并筑台为界，越界者立斩不赦。直至康熙二十二年（1683），清政府才废除迁海令，实行开海贸易。但至康熙五十六年清政府又颁布针对南洋华侨的禁令："南洋吕宋（今菲律宾——笔者注，下同）、噶啰吧（泛指荷属东印度，今印度尼西亚）等处，不准商船前往贸易，违禁者严拿治罪。"不过，去东洋（日本）的贸易船只不在禁列。同时，仍准外国船只来华贸易。这一禁令一直执行到雍正五年（1727）才宣布解除。

清初实行海禁政策，从客观上说是因为当时中国东南沿海抗清斗争激烈，一些忠于明朝的抵抗力量相继流亡海外，台湾郑氏政权也得到南洋华侨的支持。但根本的原因是清政府对华侨没有正确认识，将移居海外的华侨一概视为仇视清廷、图谋恢复明室的逃犯，即使在台湾郑氏政权降清，东南沿海基本安定的情况下，仍然把华侨视为一种潜在的威胁而严加防范。因此，清初华侨政策的一个显著特点是不仅禁止华工出国，而且禁止（或限制）华侨回国，特别强调不准定居海外的华侨归国。雍正五年规定商船出洋期限为 2 年，乾隆七年（1742）改为 3 年，即商人在海外逗留时间，以 3 年为期限。而在海外定居的华侨，则禁止回国。一直到乾隆九年还规定，华人如在番地娶番妇，生有子女，置有产业，即所谓"情甘异域者"，永远不准回国。

此外，清朝奉行"固本抑末"的基本国策和传统伦理道德观念的影响也是重要原因。在清王朝看来，要发展农业，就必须将劳动力固定在耕地上；如果任由农民出洋经商，无异于舍本求末。同时，人丁外流，势必影响到政府的赋税收入。再则，从传统的伦理道德看，乡民出洋是对父母的不孝，对祖宗的不敬。

正是由于上述政治、经济以及伦理道德等原因，清代政府对华侨出入国持反对态度，制定了严厉的海禁政策。

1840 年鸦片战争打开了清朝闭关锁国的大门。从此，中国逐步沦为半殖民地半封建社会。由于西方列强开发殖民地需要大量廉价劳动力，便在迫使清政府与之签订的一系列不平等条约中，规定准许他们来华招募劳工。如 1860 年英法联军攻占北京后，与清政府签订的《北京条约》，其中除赔款、增开通商口岸以及割让香港对岸的九龙司之外，即是准许华民与英、法人立约，赴英、法属地或外洋别地做工，清政府不得阻禁。从此，清政府放弃了禁止华工出国的政策。

随着华工出国合法化，出国人数剧增，海外华侨的数量也迅速增长。清政府的外交也被迫卷入世界角逐的大格局之中，对华侨的认识开始有了新的变化，看到了海外华侨的经济力量，认为可以用来振兴商务、赈济灾民以及为巩固海防服务。1876 年清朝驻英、法公使郭嵩焘奏请清廷在南洋群岛、缅甸等华侨聚居地设护侨领事，并于翌年与英国谈判，首先在新加坡设立领事馆，由当地侨领、富商胡璇泽（原名胡亚基）出任第一任领事。1880 年胡璇泽病故，经中英协商，1881 年由左秉隆继任，这是第一位由中国直接派驻新加坡的官员。1890 年，新加坡领事馆升格为总领事馆，并在马来亚北部的槟榔屿和缅甸的仰光增设领事馆。

因参加欧战而设立
"侨工事务局"

辛亥革命后，1912 年南京临时政府成立，孙中山就任临时大总统，他没有忘记海外华侨支持辛亥革命的历史功绩，随即训令外交部制定保护海外侨民、杜绝贩卖华工的有关政策，将自由、平等、博爱精神推之于海外侨胞。然而，以袁世凯为代表的北洋军阀，很快就窃取了革命的果实，建立了北洋政府。

　　1917 年 8 月，北洋政府对德、奥宣战，并着手招募和派遣华工赴欧援助协约国。当年 9 月颁布了《侨工事务局暂行条规》，宣告"侨工事务局"的成立。侨工事务局直属国务院，负责监督侨工的招募和保护事宜。1918 年又颁布了《侨工出洋条例》和《侨工合同纲要》。这是中国历史上第一次公开颁布实施的侨务行政法规和正式设立专门的侨务机构。侨工事务局原属临时性机构，欧战结束即行撤销，但由于海外华侨知情者纷纷上书，请求保留侨务机构，所以到 1921 年，北洋政府决定设立永久性的"侨务局"，仍属国务院，于 1922 年 1 月正式成立，负责"掌办关于本国在外侨民的移殖和保育"等事宜。总的说，北洋政府的侨务政策基本上是承袭了晚清的政策，不同的是在国内设立了专门的侨务机构，加强了管理，而且在地方也设有侨务机构，如在福建省设有暨南局，局内设置总务、调查、交际三科，暨南局的职责是主办有关华侨教育和实业，发给旅行证明，调查华侨情况，推销国家公债等。由于政局动荡，侨工事务局和侨务局均未能发挥应有的作用。如 1920 年 1 月和 5 月，侨工事务局相继组织人员实地调查了南洋荷属勿里洞岛和邦加岛锡矿的华工状况，留下两份附有多幅照片、插图的《调查书》。《调查书》对勿里洞岛和邦加岛的华工进行了深入的实地调查，如各埠华侨工商界人数统计，招工缘起、招工地点与机构以及招工的具体情形，华工抵达南洋的情形，荷兰矿主对华工的支配办法以及矿区组织、劳动分工等，华工在矿区的生产劳动情形、生活状况、居住条件甚至工寮和病院等等，都一一实地考察，绘制略图，务求使人能够得到具体、详尽的了解。今天读来，仍使人如亲临其境，实在是难得的第一手资料，这也是华工胼手胝足、流血流汗开发南洋的历史见证。

鉴于华工"惨受苛待"，"被打惨死，无一可白其冤……我国又无官长驻此，至造成种种冤狱，如水益深，如火益热"，《调查书》提出两条建议：①修改中荷商约，严订保护之条例；②通饬沿海各省，实行禁止私招。并特别强调："严禁金壬之私募，尤为当务之急。"但是，"诲尔谆谆，听我藐藐"，当时北洋政府国务总理段祺瑞正热衷于争权夺利，准备武力"统一"全国，为华工请命的《调查书》只好束之高阁，终于成为尘封的历史档案了。

南京国民政府的侨务政策

1923 年，孙中山在广州重新组成陆海军大元帅府，曾先后颁布了《内务部侨务局章程》、《侨务局经理华侨注册简章》、《内务部侨务局保护侨民专章》以及《侨务局办事细则》等法律、法规。新设立的侨务局直属陆海军大元帅府内务部，其主要职能为：保护归国华侨，办理华侨子弟回国就学问题；保护旅外华侨的国内家属及财产；引导华侨回国游历并负责接待；提倡并奖励华侨回国兴办实业和举办慈善公益事业；襄办华侨选举国会议员；办理海外华侨教育及学校注册；保护海外华侨设立的商会及其他公共团体；调查保护华侨工商业、生活和工作状况；负责处理华侨内部纠纷事项；等等。这些充分体现了孙中山致力于保护华侨的指导思想和基本原则。后来南京国民政府所制定的侨务政策，就是以孙中山制定的这些法规作为指导原则的。

　　1927年南京国民政府建立后，设立侨务局，隶属外交部，并在大学院（全国最高学术及教育行政机关）设立华侨教育委员会，改组暨南学堂为国立大学，推动华侨教育事业的发展。1928年，侨务机构改为国民党中央侨务委员会，直属国民党中央执行委员会。1932年，侨务委员会改属国民政府行政院。"侨委"负责侨务行政及辅导侨民事业等事宜，下设4个处：第一处负责调查侨情、移民、处理纠纷、组织侨民团体、侨民福利与奖励等事项；第二处负责华侨的宣传和文化教育；第三处负责华侨回国投资以及经济贸易等事项；第四处负责秘书和后勤工作。此外，还因实际需要而设置过侨民教育教材编辑室、现代华侨出版社、华侨通讯社、回国升学华侨学生接待所、救济失业华侨委员会等机构。1934年起，先后在上海、厦门、汕头、江门、广州等地设立了地方侨务局，各省设立侨务处。地方侨务局主要办理侨民出入境以及各地移民的移殖保育等事项。

自中央侨务委员会成立后，侨务机构逐渐形成了一套完整的体系。国民党中央海外部、国民政府外交部、财政部以及军委会等部门，也采取相应的措施，为侨务工作的全面开展提供有利条件。在建立、健全侨务机构的同时，为提高华侨的政治地位，国民政府也采取了一些具体措施，如 1932 年在临时首都洛阳召开国难会议，在与会代表 412 人中，有海外侨领和知名人士 18 人。1938 年国民党五届四中全会通过《国民参政会组织条例》，依照该条例规定，海外华侨先后被聘为国民参政员的多达 20 人。有这么多的华侨代表被聘为国民参政员，使华侨有了发表政见的场所和机会，极大地激发了海外华侨的爱国热情。

抗日战争爆发后，国民政府的侨务工作重点转移到动员华侨人力、物力参加祖国抗战上来，"举凡鼓励侨胞捐献，策动侨胞救国组织，加强抗战宣传，指导侨胞回国服务，鼓励侨胞回国投资，推动国民外交等，均为当务之急"。同时，针对一些国家的排华现象，制定了保侨、护侨的措施。太平洋战争爆发后，号召华侨积极参加侨居地的反法西斯战争。

总之，南京国民政府时期的侨务机构和侨务政策相对完善，表明南京国民政府对华侨较为重视，也取得积极的效果。但由于政府的腐败、官吏的营私舞弊，也造成诸多负面影响。

"海外孤儿"有了强大的靠山

1949 年 10 月 1 日中华人民共和国宣告成立，中国人民站起来了！从此，"海外孤儿"有了强大的靠山。新中国成立初期，为了加强侨务工作，先后成立了全国侨务工作行政管理机构"中央华侨事务委员会"（简称"中侨委"，隶属当时中央人民政府的政务院）和团结全国各界归国华侨的人民团体"中华全国归国华侨联合会"（简称"全国侨联"，现称"中国侨联"）。同时，在侨眷、归侨比较集中的地区，建立了相应的机构。

1954 年，新中国颁布的第一部宪法中，规定了国家"保护国外华侨的正当权利和利益"。不久，人民政府又提出"团结、爱国、友好"的国外侨务工作方针和"一视同仁，适当照顾"的国内侨务政策的指导原则，在国内外两方面积极开展工作。

侨汇是海外华侨寄给国内眷属的生活费用。保护侨汇是维护侨胞及其国内眷属的正当权益。人民政府实行"便利侨胞，服务侨胞"的保护侨汇政策，侨胞、侨眷有使用侨汇的自由，任何个人或团体，不得向侨眷强迫借贷，不得擅自检查和以任何借口变相侵吞侨汇。同时，又设立侨汇商店，提供国内紧缺物资，更好地满足侨眷的实际需要。

为了鼓励、引导华侨回国投资，广东、福建、上海、云南、广西等省市先后设立了国营华侨投资公司，辅导华侨投资于农、工、矿业，收到了积极的成效。如广东华侨投资公司，到 1956 年底，总计建厂 21 座，该年度产值达 7100 多万元；福建投资公司所属厂矿有 14 家，产值达 4400 万元。

为便利华侨子弟回国升学，人民政府在北京、厦门（集美）、广州开办了 3 所华侨补习学校，并先后恢复和创办了以招收华侨、归侨、侨眷子女为主的暨南大学和华侨大学。教育部还规定高校统一招生时，对华侨学生采取"同等成绩，优先录取"以及入学年龄适当放宽的优待政策。对入学后经济有困难的华侨学生，给予人民助学金或申请小额助学贷款。

人民政府充分尊重、重视华侨参政、议政的权利。早在 1949 年召开的中国人民政治协商会议，就特邀五大洲的华侨代表 15 人参加。著名侨领陈嘉庚、司徒美堂被选为中央人民政府委员，参加新中国的领导工作。

所有上述措施，使广大海外华侨更加热爱新中国，大大增强了他们建设新中国的信心。

早在 50 年代中期，我国政府考虑到华侨的切身利益，并根据和平共处五项原则以及海外华侨的历史与现状，同有关国家协商制定了解决旧时代遗留下来的华侨双重国籍问题的政策，申明中国政府不主张有双重国籍，赞成和鼓励华侨根据自愿原则选择侨居的国籍。凡取得了居住国国籍者，就自动失去中国国籍，成为居住国的公民，也就是外籍华人或华裔。对于保留中国国籍的华侨，我国政府要求他们遵守侨居国的法律，尊重当地人民的风俗习惯，同当地人民友好相处，为所在国的经济建设和文化交流作出贡献。同时，对他们的正当权益，中国政府有责任加以保护，也希望得到有关国家的保障。这些符合广大华侨利益并有利于我国同侨居国发展友好关系的政策，得到了世界上越来越多的国家的理解和赞赏，也得到了广大华侨的拥护。

结　语

第二次世界大战以后，帝国主义的殖民体系纷纷瓦解，世界各主要殖民地先后获得了独立。居住在世界各地的华侨，在政治、经济、文化教育、认同意识等方面都发生了根本性的变化。东南亚地区过去是西方列强的殖民地，这里聚集了全世界华侨总人数的80%以上，是海外华侨的主要活动舞台。战后，东南亚华侨的变化最深刻、最激烈。

据不完全统计，当今世界五大洲160多个国家和地区，共有华侨、华人三四千万人，其中约90%已先后取得所在国的国籍，成为当地公民；仍然保留中国国籍的华侨，只占华侨总人数的10%左右。对于已经取得所在国国籍，即政治上认同所在国的华人，我们不应该再称他们为华侨，更不能把他们当作中国的公民，因为他们已经选择了所在国的国籍，成为当地公民，效忠于其入籍国。

在历史上，老一辈华侨主要是旧中国的移民，他们把出国只作为谋生的手段，并不把侨居地作为永久的归宿，所以，普遍存在着作客的思想。他们对祖国及家乡，怀有深挚的感情，深深地眷恋着养育过他们的故土和乡亲。因此，不少华侨当经济上有所发展时，往往在家乡买田地，盖房屋，也乐意捐助家乡兴办教育，修桥铺路，或投资兴办各类实业，促进家乡的建设。一旦祖国、家乡发生自然灾害，他们便奔走相告，积极筹款赈灾。这一代华侨到了晚年，多愿告老返乡，颐养天年。即使生前不能返乡而客死异域的人，也多愿将遗骨埋葬在家乡，以魂归故土为安，这便是所谓"树高千丈，叶落归根"的传统意识。

战后，历经磨难的华侨，根据我国政府同有关国家协商解决历史遗留下来的双重国籍问题的政策，他们中的绝大多数已加入所在国的国籍，成为当地的公民。因为他们的基业在当地，经数代人的艰苦创业，已深深扎根于当地，他们的命运和前途，在更大程度上已同入籍国联结在一起，因而更关心当地的政治、经济状况，考虑问题也多从与自己切身利益有关的入籍国角度出发，对祖籍国的感情则日益淡薄，这是大势所趋的必然现象。虽然他们中有人对祖籍国的政治、经济仍然关心，但已居于次要地位，"叶落归根"的作客思想已转变为扎根于当地的"落地生根"思想。

我国政府一贯尊重居留海外的华侨，鼓励他们在自愿选择的基础上，依据所在国的法律，落地生根，加入当地国籍，以利于他们自身及其后代在当地的生存和发展，也有利于促进我国同周边国家的友好关系。

总而言之，基于战后世界形势演变的事实，我们应该承认海外华侨的根本性变化，明确华侨与华人

（华族、华裔）已有本质的区别，不应把华侨与华人笼统地称为"华侨"。而且随着时间的推移，海外华人发展的总趋势是进一步融入当地社会，与入籍国的关系越来越密切，而与祖籍国中国的关系也将日趋淡化。这是不以人们的意志为转移的历史发展趋势，也是世界各国华侨、华人演变的共同特点之一。

参考书目

1. 陈碧笙：《世界华侨华人简史》，厦门大学出版社，1991。

2. 颜清湟：《星、马华人与辛亥革命》，李恩涵译，（台北）联经出版事业公司，1982。

3. 李春辉、杨生茂主编《美洲华侨华人史》，东方出版社，1990。

4. 陈依范：《美国华人史》，韩有毅等译，世界知识出版社，1987。

5. 杨进发：《新金山——澳大利亚华人》，姚楠等译，上海译文出版社，1988。

6. 宓亨利：《华侨志》，岑德彰译，商务印书馆，1931。

7. 林远辉等：《新加坡马来西亚华侨史》，广东高等教育出版社，1991。

8. 李学民、黄昆章：《印尼华侨史》，广东高等教育出版社，1987。

9. 黄滋生等：《菲律宾华侨史》，广东高等教育出版社，1987。

10. 曾瑞炎：《华侨与抗日战争》，四川大学出版社，1988。

《中国史话》总目录

系列名	序号	书　名	作　者
物化历史系列（28种）	24	寺观史话	陈可畏
	25	陵寝史话	刘庆柱　李毓芳
	26	敦煌史话	杨宝玉
	27	孔庙史话	曲英杰
	28	甲骨文史话	张利军
	29	金文史话	杜　勇　周宝宏
	30	石器史话	李宗山
	31	石刻史话	赵　超
	32	古玉史话	卢兆荫
	33	青铜器史话	曹淑芹　殷玮璋
	34	简牍史话	王子今　赵宠亮
	35	陶瓷史话	谢端琚　马文宽
	36	玻璃器史话	安家瑶
	37	家具史话	李宗山
	38	文房四宝史话	李雪梅　安久亮
制度、名物与史事沿革系列（20种）	39	中国早期国家史话	王　和
	40	中华民族史话	陈琳国　陈　群
	41	官制史话	谢保成
	42	宰相史话	刘晖春
	43	监察史话	王　正
	44	科举史话	李尚英
	45	状元史话	宋元强
	46	学校史话	樊克政
	47	书院史话	樊克政
	48	赋役制度史话	徐东升
	49	军制史话	刘昭祥　王晓卫

系列名	序号	书名	作者
制度、名物与史事沿革系列（20种）	50	兵器史话	杨毅 杨泓
	51	名战史话	黄朴民
	52	屯田史话	张印栋
	53	商业史话	吴慧
	54	货币史话	刘精诚 李祖德
	55	宫廷政治史话	任士英
	56	变法史话	王子今
	57	和亲史话	宋超
	58	海疆开发史话	安京
交通与交流系列（13种）	59	丝绸之路史话	孟凡人
	60	海上丝路史话	杜瑜
	61	漕运史话	江太新 苏金玉
	62	驿道史话	王子今
	63	旅行史话	黄石林
	64	航海史话	王杰 李宝民 王莉
	65	交通工具史话	郑若葵
	66	中西交流史话	张国刚
	67	满汉文化交流史话	定宜庄
	68	汉藏文化交流史话	刘忠
	69	蒙藏文化交流史话	丁守璞 杨恩洪
	70	中日文化交流史话	冯佐哲
	71	中国阿拉伯文化交流史话	宋岘

系列名	序号	书名	作者
思想学术系列（21种）	72	文明起源史话	杜金鹏　焦天龙
	73	汉字史话	郭小武
	74	天文学史话	冯时
	75	地理学史话	杜瑜
	76	儒家史话	孙开泰
	77	法家史话	孙开泰
	78	兵家史话	王晓卫
	79	玄学史话	张齐明
	80	道教史话	王卡
	81	佛教史话	魏道儒
	82	中国基督教史话	王美秀
	83	民间信仰史话	侯杰
	84	训诂学史话	周信炎
	85	帛书史话	陈松长
	86	四书五经史话	黄鸿春
	87	史学史话	谢保成
	88	哲学史话	谷方
	89	方志史话	卫家雄
	90	考古学史话	朱乃诚
	91	物理学史话	王冰
	92	地图史话	朱玲玲
文学艺术系列（8种）	93	书法史话	朱守道
	94	绘画史话	李福顺
	95	诗歌史话	陶文鹏
	96	散文史话	郑永晓
	97	音韵史话	张惠英
	98	戏曲史话	王卫民
	99	小说史话	周中明　吴家荣
	100	杂技史话	崔乐泉

系列名	序号	书　名	作　者	
社会风俗系列（13种）	101	宗族史话	冯尔康	阎爱民
	102	家庭史话	张国刚	
	103	婚姻史话	张　涛	项永琴
	104	礼俗史话	王贵民	
	105	节俗史话	韩养民	郭兴文
	106	饮食史话	王仁湘	
	107	饮茶史话	王仁湘	杨焕新
	108	饮酒史话	袁立泽	
	109	服饰史话	赵连赏	
	110	体育史话	崔乐泉	
	111	养生史话	罗时铭	
	112	收藏史话	李雪梅	
	113	丧葬史话	张捷夫	
近代政治史系列（28种）	114	鸦片战争史话	朱谐汉	
	115	太平天国史话	张远鹏	
	116	洋务运动史话	丁贤俊	
	117	甲午战争史话	寇　伟	
	118	戊戌维新运动史话	刘悦斌	
	119	义和团史话	卞修跃	
	120	辛亥革命史话	张海鹏	邓红洲
	121	五四运动史话	常丕军	
	122	北洋政府史话	潘　荣	魏又行
	123	国民政府史话	郑则民	
	124	十年内战史话	贾　维	
	125	中华苏维埃史话	温　锐	刘　强
	126	西安事变史话	李义彬	
	127	抗日战争史话	荣维木	

系列名	序号	书 名	作 者
近代政治史系列（28种）	128	陕甘宁边区政府史话	刘东社　刘全娥
	129	解放战争史话	朱宗震　汪朝光
	130	革命根据地史话	马洪武　王明生
	131	中国人民解放军史话	荣维木
	132	宪政史话	徐辉琪　付建成
	133	工人运动史话	唐玉良　高爱娣
	134	农民运动史话	方之光　龚　云
	135	青年运动史话	郭贵儒
	136	妇女运动史话	刘　红　刘光永
	137	土地改革史话	董志凯　陈廷煊
	138	买办史话	潘君祥　顾柏荣
	139	四大家族史话	江绍贞
	140	汪伪政权史话	闻少华
	141	伪满洲国史话	齐福霖
近代经济生活系列（17种）	142	人口史话	姜　涛
	143	禁烟史话	王宏斌
	144	海关史话	陈霞飞　蔡渭洲
	145	铁路史话	龚　云
	146	矿业史话	纪　辛
	147	航运史话	张后铨
	148	邮政史话	修晓波
	149	金融史话	陈争平
	150	通货膨胀史话	郑起东
	151	外债史话	陈争平
	152	商会史话	虞和平
	153	农业改进史话	章　楷
	154	民族工业发展史话	徐建生
	155	灾荒史话	刘仰东　夏明方
	156	流民史话	池子华
	157	秘密社会史话	刘才赋
	158	旗人史话	刘小萌

系列名	序号	书　名	作　者
近代中外关系系列（13种）	159	西洋器物传入中国史话	隋元芬
	160	中外不平等条约史话	李育民
	161	开埠史话	杜　语
	162	教案史话	夏春涛
	163	中英关系史话	孙　庆
	164	中法关系史话	葛夫平
	165	中德关系史话	杜继东
	166	中日关系史话	王建朗
	167	中美关系史话	陶文钊
	168	中俄关系史话	薛衔天
	169	中苏关系史话	黄纪莲
	170	华侨史话	陈　民　任贵祥
	171	华工史话	董丛林
近代精神文化系列（18种）	172	政治思想史话	朱志敏
	173	伦理道德史话	马　勇
	174	启蒙思潮史话	彭平一
	175	三民主义史话	贺　渊
	176	社会主义思潮史话	张　武　张艳国　喻承久
	177	无政府主义思潮史话	汤庭芬
	178	教育史话	朱从兵
	179	大学史话	金以林
	180	留学史话	刘志强　张学继
	181	法制史话	李　力
	182	报刊史话	李仲明
	183	出版史话	刘俐娜

系列名	序号	书名	作者
近代精神文化系列（18种）	184	科学技术史话	姜超
	185	翻译史话	王晓丹
	186	美术史话	龚产兴
	187	音乐史话	梁茂春
	188	电影史话	孙立峰
	189	话剧史话	梁淑安
近代区域文化系列（二种）	190	北京史话	果鸿孝
	191	上海史话	马学强　宋钻友
	192	天津史话	罗澍伟
	193	广州史话	张磊　张苹
	194	武汉史话	皮明麻　郑自来
	195	重庆史话	隗瀛涛　沈松平
	196	新疆史话	王建民
	197	西藏史话	徐志民
	198	香港史话	刘蜀永
	199	澳门史话	邓开颂　陆晓敏　杨仁飞
	200	台湾史话	程朝云